냉파족을 위한
2,000원으로
밥상 차리기

냉파족을 위한
2,000원으로
밥상 차리기

1판 1쇄 발행 2018년 3월 25일

지은이 | 이밥차 요리연구소
펴낸이 | 김선숙, 이돈희
펴낸곳 | 그리고책(주식회사 이밥차)

주소 | 03720 서울특별시 서대문구 연희로 192 2층(연희동 76-22, 이밥차 빌딩)
대표전화 | 02-717-5486~7
팩스 | 02-717-5427
이메일 | editor@andbooks.co.kr
홈페이지 | www.andbook.co.kr
출판등록 | 2003.4.4 제 10-2621호

본부장 | 이정순
편집 책임 | 박은식
편집 진행 | 심형희, 양승은, 윤단아
요리 진행 | 이밥차 요리 연구소 노고은, 최문경
마케팅 | 남유진, 권지은
영업 | 이석원
경영 지원 | 차은영, 윤나라
교열 | 김혜정
푸드 스타일링 | 김진영
포토디렉터 | 율스튜디오 박형주
디자인 | 박미혜, 장지윤

값 12,000원
©2018 그리고책
ISBN 978-89-97686-93-3 13590

All rights reserved. First edition printed 2018.
· 이 책을 무단 복사, 복제, 전재하는 것은 저작권법에 저촉됩니다.
· 잘못 만들어진 책은 바꾸어 드립니다.
· 책 내용 중 궁금한 사항이 있으시면 그리고책(Tel 02-717-5486, 이메일 hunter@andbooks.co.kr)으로 문의해 주십시오.

냉파족을 위한
2,000원으로 밥상 차리기

그리고책
andbooks

Prologue

분명 냉장고 어딘가에서 본 기억이 있는데 막상 찾아보면 행방이 묘연한 재료 때문에 멘붕!
장을 본 뒤 정리하다 발견하는 같은 재료 때문에 한 번 더 멘붕!
가득 찬 냉장고 속 정리가 시급하다고요?
돈은 돈대로, 품은 품대로 다 쓰고 나니 요리하기도 전에 힘이 다 빠진다고요?
이밥차 요리연구소가 그런 여러분들의 마음을 헤아려 냉파족을 위한 <2,000원으로 밥상 차리기>를 선보입니다.

우리는 매달 100여 품의 요리를 만들고 있어요.
그 달에 꼭 맞는 제철 재료나 두부, 콩나물, 감자 등 기본 재료 등을 이용해 레시피를 개발하다 보면
그야말로 '재료와의 전쟁'이 벌어지죠.
준비된 모든 재료를 최대한 남김없이 사용하는 게 생각보다 쉽지 않잖아요.
때문에 남은 재료를 적절한 위치에 제대로 보관해서 기한 내에 사용하는 것이 더 중요하다고 생각해요.
남은 식재료를 제대로 보관하는 노하우, 냉장고가 빈틈없이 꽉 차기 전에 제때 냉장고를 파먹는 노하우,
냉파족을 위한 <2,000원으로 밥상 차리기>에서 모두 알려드릴게요.

냉장고를 알뜰히 파먹다 보면 줄줄 새는 우리 집 가계 경제에도 도움이 된다는 사실, 두말하면 입 아프죠?
필요한 재료만 쏙쏙 골라 버리는 것 없이 알뜰히 활용하니 이보다 더 맛있는 절약이 또 있을까요?

조리과정 또한 간단해서 요리 초보자, 직장 생활에 쫓기는 직장인, 자취생들에게 강력추천!
이뿐만이 아니에요.
부담 없이 구매해도 제 역할을 톡톡히 해내는 기특한 재료 10가지를 꼽아 재료 하나만으로도 만들 수 있는,
심플하고 현실성 있는 레시피 100가지도 함께 선보입니다.
어느 집 냉장고를 열어도 쉽게 볼 수 있는 재료만을 엄선해 기본 반찬부터 특별한 별미 요리까지 골고루 소개하니
이제 장보기 전 냉파족을 위한 <2,000원으로 밥상 차리기> 먼저 펼쳐주세요.
부담 없이 즐길 수 있는 여러분들의 맛있고 행복한 한 끼 언제나 그렇듯, 이밥차 요리연구소가 도와드릴게요.

이밥차 요리연구소

Contents

4 프롤로그

 INTRO
냉파족을 위한 준비운동

10 냉장고를 파먹어 볼까요?
· 냉장고 파먹기란? · 냉장고만 제대로 파먹어도 이렇게 달라져요
· 냉장고 정리가 우선 · 재료별 제대로 보관하기

13 보관해두면 두고두고 사용하는 양념

14 냉장고 제대로 파먹는 법
· First in, First out · 냉장고 속 식재료를 최대한 활용하기
· 자투리 채소는 한데 모아두기 · 냉장고 지도 활용하기

16 계량법
· 밥숟가락으로 쉽게 계량하기 · 손, 종이컵, 눈대중으로 분량재기

Part 1
18 감자

20 감자채볶음
22 감자전
24 감잣국
26 감자샐러드
28 감자버터구이
30 감자고추장조림
32 웨지감자튀김
34 전자레인지 감자칩
36 해시브라운
38 감자장아찌

Part 5
106 어묵

108 어묵국
110 어묵간장조림
112 어묵볶이
114 어묵마요무침
116 어묵칩
117 어묵전
118 어묵주먹밥구이
120 어묵타코야키
122 어묵가스
124 어묵케첩볶음

Part 6
126 달걀

128 달걀국
130 달걀장조림
132 중화풍달걀볶음밥
134 달걀말이
136 촉촉달걀덮밥
138 화산달걀찜
140 수란비빔밥
142 맥반석달걀
143 달걀마요샐러드
144 달걀죽

Part 7
146 만두

148 굴소스만둣국
149 만두볶음밥
150 간장비빔만두
152 고추기름만두
154 만두강정
156 만두대파무침
158 눈꽃만두
160 깐풍만두
162 크림마요군만두
163 허니버터만두

Part 2
40 버섯

- 42 버터버섯구이
- 44 버섯장조림
- 46 버섯덮밥
- 48 버섯튀김
- 50 버섯두루치기
- 52 버섯강정
- 54 팽이버섯된장국
- 56 버섯초무침
- 58 버섯달걀전
- 60 버섯들깨탕

Part 3
64 두부

- 64 두부구이
- 66 마늘고추장소스두부조림
- 68 두부젓국
- 70 순두부간장조림
- 72 두부파채샐러드
- 74 마파연두부덮밥
- 76 소보로두부
- 78 두부밥과 된장비빔장
- 80 두부강정
- 82 두부조림초밥

Part 4
84 콩나물

- 86 콩나물무침
- 88 콩나물볶음
- 90 맑은콩나물국
- 92 김치콩나물국
- 94 콩나물밥
- 96 콩나물찜
- 98 콩나물장조림
- 100 콩나물비빔국수
- 102 콩나물장떡
- 104 콩나물볶음밥

Part 8
164 참치

- 166 참치약고추장
- 168 참치양파찌개
- 170 참치죽
- 172 참치장떡
- 174 참치마요깨주먹밥
- 176 참치통마늘볶음
- 178 참치쌈장
- 180 칠리참치덮밥
- 182 참치볼
- 184 매콤참치볶음국수

Part 9
186 오징어

- 188 오징어초무침
- 190 파기름 오징어볶음
- 192 맑은 오징어국
- 194 오징어간장조림
- 196 버터구이 통오징어
- 198 족족오징어덮밥
- 200 오징어튀김
- 202 오징어짬뽕
- 204 오징어대파전
- 206 오징어강된장

Part 10
208 닭

- 210 닭다리백숙
- 212 대파닭개장
- 214 데리야키닭고기덮밥
- 216 파닭꼬치
- 218 닭떡갈비
- 220 닭날개구이
- 222 닭가슴살장조림
- 224 닭고기참깨샐러드
- 226 불닭볶음밥
- 228 닭고기맥적
- 230 인덱스

Intro

냉파족을 위한 준비운동

어디서부터 손대야 할지 몰라
미루기만 했던 냉장고 비우기.
필요 없는 건 쏙쏙 골라 버리고,
낭비 없이 스마트하게 잘 채우는
노하우를 모두 모아 낱낱이 공개합니다.

냉장고를 파먹어 볼까요?

냉장고 파먹기란?
생활비를 최소화하는 짠테크(짜다+테크)의 신조어로 냉장고에 있는 식재료를 사용해 음식을 만들어 먹는 것을 뜻해요. 이때 포인트는 식재료를 모두 소비할 때까지 장보기를 하지 않거나 장보기를 최소화해 식비를 줄이는 것이죠. 냉장 및 냉동실에 보관된 재료를 사용하며, 남은 자투리 재료도 두루두루 활용하기 때문에 음식물 쓰레기를 줄이고 냉장고 정리도 말끔히 할 수 있답니다.

모든 항목만 잘 지켜도 식비의 최대 40%나 절감 할 수 있다는 사실!

냉장고만 제대로 파먹어도 이렇게 달라져요

1
무분별한 장보기 비용을 최소화 할 수 있어요.
냉장고 파먹기를 시작하게 되면 냉장고에 있는 재료를 전부 다 소진하기 전까진 장보기를 자제하세요. 꼭 필요한 재료만 구매하는 최소화 장보기를 실천하세요. 구매 목록을 작성한다면 무분별한 장보기를 예방할 수 있고, 비용 또한 최소화할 수 있답니다.

2
집밥으로 인한 외식비용을 절감할 수 있어요.
냉장고 파먹기를 하면 집에 있는 식재료를 활용해 집밥을 만들어 먹는 경우가 빈번해지죠. 따라서 일주일에 두세 번하던 외식 횟수를 줄일 수 있어요. 횟수가 줄어들면 외식 비용 또한 자동으로 줄어들게 돼요.

3
식재료 낭비를 최소화 할 수 있어요.
냉장고 파먹기를 하다보면 파먹는 것보다 '파먹기' 전에 '쌓지 말자'를 실천하게 돼요. 무분별한 장보기가 줄어들다 보니 분에 넘치는 식재료를 구매하지 않게 돼요. 세일한다고 사고, 저렴하다고 사는 행동에서 꼭 필요한 재료들로만 조금씩, 알뜰하게 사는 행동으로 변한답니다. 이런 습관들을 반복하다 보면 버리는 식재료 없이 알뜰하게 사용하게 되니 음식물 쓰레기가 줄어들고, 쓰레기봉투 구매 비용도 줄어드니 가계 경제 및 환경 보호에 보탬이 된답니다.

4
현실성 있는 재테크로 실생활에서 실천이 가능해요.
돈을 투자하는 재테크보다 돈을 절약하는 위험부담이 낮은 재테크를 실천해보세요. 냉장고 파먹기는 미니멀리즘 및 짠테크(짜다+재테크)를 가장 쉽게 실천할 수 있는 방법 중 하나랍니다. 냉장고 파먹기를 하면 냉장고의 효율성을 높여 전기세를 줄일 수 있어요. 장보기 목록을 작성하고 가계부를 작성하면서 줄줄 샜던 지출을 막을 수도 있고요. 별것 작은 것부터 아껴 나가다보면 절약하는 습관이 배어 똑똑한 소비를 할 수 있답니다.

STEP 1. 냉장고 정리가 우선!

● **냉장실:** 냉장고 파먹기에 앞서 제일 먼저 해야 할 일은 냉장고 속 식재료부터 파악하는 것이에요.
냉장실 신선 칸의 채소부터 꺼내서 무르기 직전 혹은 무른 것들은 과감하게 버려요.
유통기한이 지난 것들도 음식물 쓰레기통으로 직행! 냉장실은 식재료들로 꽉 채우지 말고 여유 공간을 둬야
냉장고의 효율을 높일 수 있어요.

● **냉동실:** 검은 비닐봉지에 둘둘 쌓인 정체불명의 식재료들. 먼저 검은 봉지를 전부 벗긴 뒤 투명 비닐백이나
지퍼팩으로 옮겨 담아요. 냉동한 식재료들은 신선할 때와는 달리 형태를 알아보기가 어려워요. 따라서 투명 봉투에 담아
보관해야 재료를 찾을 때 훨씬 수월하답니다.

STEP 2. 재료별 제대로 보관하기

제대로만 보관해도 재료의 신선도를 연장시킬 수 있어요. 공기가 통하지 않는 밀폐용기에 담는 것이 제일 좋고,
지퍼팩에 보관한다면 재료별로 박스를 따로 두어 차곡차곡 세워서 보관하세요. 지퍼팩은 특히 냉동 보관할 때 용이하답니다.

● **두부**

냉장
두부는 포장을 뜯지 않은 채로 냉장 보관하면 소비기한이 1~2주 정도 돼요. 사용하고 남은 두부는 밀폐용기에 담아 잠길 정도로 물을 붓고 소금을 조금 넣으면 3~4일간 더 보관이 가능해요.

냉동
두부는 얼리면 더 좋은 식품이에요. 두부 표면의 구멍을 통해 수분이 빠지면서 단백질 입자가 작아집니다. 두부의 크기는 줄어들고, 단백질 함량이 무려 6배 증가! 수분이 적어 조림이나 찌개를 할 때 간이 더 잘 밴답니다.

● **닭**

냉장
닭의 부위별 냉장보관법은 동일해요. 깨끗하게 씻어 물기를 제거한 뒤 2~3 조각씩 랩에 싸서 밀폐용기에 담아 제일 위 칸 안쪽에 보관하세요. 냉장실의 바깥쪽보단 안 쪽이 외부 공기와의 접촉이 적어 일정한 온도로 유지돼요. 하지만 냉장실에 보관할 경우 빠른 시일 내에 소비하는 것이 좋아요.
최대 이틀까지 보관이 가능해요.

냉동
최대 3~4개월까지 보관이 가능해요.
가슴살 & 안심: 깨끗이 씻어 물기를 제거한 뒤 2~3 조각씩 랩에 싸서 냉동 보관하세요.

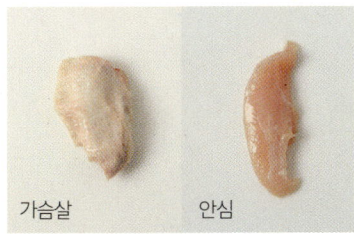

가슴살   안심

날개: 하루 이틀 내로 조리한다면 냉장실에서 보관하고, 랩 위에 3~4개씩 엇갈리게 펼쳐 놓고 싼 뒤 지퍼팩에 밀봉하여 보관해요.
다리살: 닭다리는 냉동 보관하면 맛이 떨어지므로 구입 후 2~3일 내로 소비하는 것이 제일 좋아요. 냉동 보관해야 한다면 한 덩어리씩 랩에 싸서 밀봉하세요.

● **오징어**

냉장
오징어는 쉽게 상하니 배를 갈라 내장을 제거한 뒤 용도에 따라 잘라서 보관해요.
물기를 제거한 뒤 랩에 싸서 지퍼팩에 담아 냉장고 제일 위 칸에 보관하세요. 1~2일 내에 소비하는 것이 좋아요.

냉동
내장을 제거한 뒤 몸통과 다리를 분리하여 용도에 맞게 잘라요.
물기를 제거한 뒤 랩에 싸서 지퍼팩에 담아 냉동보관하세요. 3~6개월까지 보관이 가능해요.

● **견과류**

냉장 및 냉동 모두 보관이 가능해요. 밀폐용기에 담아 냉장 및 냉동 보관하고, 오래 두고 먹을 경우엔 냉동 보관하세요.

● 버섯

냉장

버섯은 습기에 약해 쉽게 곰팡이가 펴요. 지저분한 밑동만 잘라서 젖은 면포나 행주로 겉을 가볍게 닦아요.
키친타월로 감싸 밀폐용기에 담은 뒤 냉장 보관해 3일 이내로 드세요.

냉동

먹기 좋게 썰어 끓는 소금물에 살짝 데쳐 물기를 가볍게 짠 뒤 지퍼팩에 담아 보관해요. 최대 한 달까지 보관이 가능해요. 냉동 보관한 버섯은 볶음용 보다는 찌개류에 넣는 걸 더 추천해요.

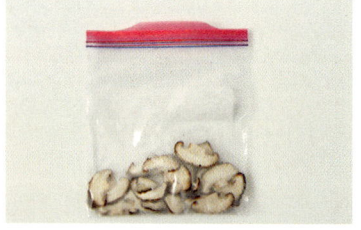

● 참치

냉장

통조림 참치는 냉동한 참치를 가공처리한 뒤 참치 기름을 넣고 멸균하여 캔에 밀봉해요. 따라서 개봉 뒤엔 세균의 침투가 쉬워요. 남은 참치는 캔에 보관하지 말고 밀폐용기에 담아 보관하고 빠른 시일 내에 소비하세요.

냉동

개봉한 뒤 남은 참치는 밀폐용기에 담아 보관해요.
기름은 버리지 말고 참치와 함께 보관하면 수분이 날아가는 걸 방지할 수 있어요. 최대 2개월까지 보관이 가능해요.

냉장 보관만 가능한 식재료

● 달걀

냉장 OK! 냉동 NO!
둥근 부분에 기실이라는 숨구멍이 있으니 뾰족한 곳을 아래로 두어 냉장 보관하세요. 씻어서 보관하면 보호막이 씻겨나가 세균에 쉽게 노출되니 씻지 말고 보관하세요. 유통기한은 3주 정도예요.

● 콩나물

냉장 OK! 냉동 NO!
콩나물은 봉지 채로 보관하면 쉽게 물러요.
사용하고 남은 콩나물은 밀폐용기에 담아 잠길 정도로 물을 부어 냉장 보관하세요. 빛을 많이 쬐면 콩나물 머리가 푸르게 변하니 검은 비닐봉지나 쿠킹포일로 빛을 차단해주는 것이 좋아요.

● 쌈채소

상추나 깻잎, 쑥갓 등은 보관이 까다로운 채소예요.
물에 헹구지 않은 채로 마른 키친타월로 감싼 뒤 용기에 담아 냉장 보관하는 것이 좋아요. 잎이 시들해졌거나 까맣게 말라버렸을 땐 물을 뿌리거나 물에 적신 키친타월로 감싸 보관하세요.

상온 보관만 가능한 식재료

● 감자

냉장도 냉동도 NO!! 서늘하고 통풍이 잘 되는 곳, 직사광선을 받지 않는 어두운 곳에 보관하세요.

● 토마토

토마토는 후숙 과일이기 때문에 빨갛게 익은 것부터 차례로 드세요. 녹색 빛이 도는 토마토는 서늘하고 그늘진 곳에 실온 보관하세요. 고루 잘 익으면 비닐백에 소분해 냉장실 채소칸이나 김치냉장고에 보관하는 것이 좋아요.

● 열대 과일

파인애플, 망고, 바나나, 아보카도 등은 후숙성 과정을 거쳐야 하는 열대 과일들로 냉장 보관시 쉽게 물러요. 꼭 상온에 보관해요.

그 외 알아두면 좋은 조미료 보관법

● 냉장실에서 보관하세요.

* 장류: 된장, 고추장, 새우젓 등
* 오일류: 들기름, 코코넛오일 등

● 상온에서 보관하세요.

* 장류: 간장 등
* 오일류: 참기름, 올리브유, 카놀라유 등
* 소스류: 케첩, 마요네즈, 머스타드 등

보관해두면 두고두고 사용하는 양념

• 간장

간장은 진간장이나 양조간장을 사용하세요. 혼합간장은 양조간장에 산분해간장을 섞은 간장인데, 발효 없이 짧은 시간 안에 만들어서 풍미가 적고 화학성분이 들어 있어요. 구입 전 성분표를 확인하고 산분해간장의 비율이 낮은 쪽을 고르세요. 국간장은 색은 옅지만 짠맛이 강해 국이나 찌개요리에 알맞아요. 국간장이 없을 땐 진간장이나 양조간장을 사용하고 부족한 간은 소금으로 맞추세요.

• 설탕

설탕은 수분을 잘 흡수해서 밀폐용기나 지퍼팩에 담아 공기가 통하지 않게 보관하는 것이 중요해요. 주로 백설탕이나 황설탕을 사용하는데, 흑설탕은 조림을 할 때 백설탕과 반씩 섞어 넣으면 색이 진해져 더 먹음직스러워 보여요.

• 올리고당/물엿

올리고당과 물엿은 재료에 농도와 윤기를 더해요. 설탕보다 단맛이 적어 대신 넣을 때는 1.5배로 넣어야 해요. 올리고당은 물엿보다 열량이 낮아요.

• 고춧가루

밝은 붉은빛이 도는 고춧가루를 고르세요. 한 달 정도 쓸 만큼만 밀폐용기에 담아 서늘한 실온에 두고 나머지는 페트병이나 지퍼팩에 담아 냉동실 혹은 김치냉장고에 보관해요.

• 고추장/된장

책에서는 시판 고추장과 된장을 사용했어요. 재래식 된장을 사용하면 짠맛이 강하니 레시피보다 분량을 줄이거나 설탕 또는 물엿의 양을 조금 늘려주는 것이 좋아요. 깨끗한 숟가락으로 퍼야 곰팡이가 생기는 것을 막을 수 있어요.

• 소주/청주/맛술

먹고 남은 소주나 청주는 냉장실에 보관하여 요리용으로 사용하세요. 고기나 생선을 밑간하거나 조리할 때 넣으면 누린내와 비린내를 잡아줘요. 맛술은 음식에 윤기를 내지만 단맛이 있으니 설탕이나 물엿으로 맛을 조절하세요.

• 참기름

참기름은 쉽게 산화해 보관기간이 짧으니 작은 병을 구입하고 직사광선을 피해 서늘한 곳에 보관하세요. 깨끗이 씻은 우유 곽에 병째로 넣어두거나 병 입구를 키친타월로 감싸 고무줄로 묶어두면 기름이 바닥에 새지 않아요.

• 후춧가루

후춧가루는 해산물이나 육류의 비린내, 누린내를 잡고 개운한 맛을 내요.
후추 향을 좋아한다면 갈아 쓰는 통후추를 구입하세요.

• 굴소스

굴을 발효해 만든 소스로 감칠맛을 더해요. 볶음요리에 주로 쓰이는데 굴소스를 넣고 난 뒤 충분히 볶아야 비린 맛이 날아가요. 짠맛이 강하니 한 숟가락 이상 넣지 않도록 주의해요.

• 마요네즈

무침요리, 드레싱 등에 다양하게 사용할 수 있어요. 고추냉이나 간장과 곁들여 튀김 또는 마른 오징어를 찍어 드세요. 달걀말이나 볶음밥에도 넣으면 음식에 윤기가 돌며 부드럽고 촉촉해져요.

• 케첩

달걀프라이나 튀김을 찍어 먹거나 볶음요리에 넣으면 감칠맛이 나고 끝맛이 새콤해요. 활용도가 높으니 꼭 구비해두세요. 패스트푸드 주문할 때 넉넉히 받아 쟁여두어도 좋아요.

냉장고 제대로 파먹는 법

❄ First in, First out

먼저 구매한 것은 먼저 사용하는 것이 원칙!
밀폐용기와 지퍼팩 위에 제품을 구입한 날짜를 표기하여 보관하세요. 날짜를 기입해두면 먼저 소비해야 할 것들이 어떤 것인지 알기 쉬워요. 유통기한을 넘겨 더 이상 썩혀 버릴 일도 없답니다.

❄ 냉장고 속 식재료를 최대한 활용하기

요리를 만들기 위해서 필요한 재료를 다 구매하면 좋겠지만 똑같이 준비하지 않아도 괜찮아요. 한두 가지 재료가 없더라도 완성하는 데엔 큰 문제가 없답니다. 닭볶음탕을 만든다면 닭, 감자, 양파, 당근, 고추장 등등 필요한 재료들이 있죠. 하지만 당근, 감자가 뚝 떨어졌다면?! 다른 재료들로 대체해보세요.
당근은 호박으로, 감자는 고구마로 넣어 나만의 레시피로 재탄생!

❄ 자투리 채소는 한데 모아두기

요리하고 애매하게 남은 식재료, 그동안 버리기 일쑤였죠?
이제는 버리지 말고 한데 모아두세요. 다 활용할 방법이 있답니다.
먹다 남은 양상추나 양배추, 당근 등은 채 썰어 지퍼팩에 보관해서 샐러드로 만들어요. 당근, 감자, 호박은 잘게 썰거나 다져서 냉동 보관했다가 볶음밥 또는 죽을 만들 때 넣고요. 양파, 깻잎, 대파 등은 맛간장 끓일 때 사용하면 간장에 감칠맛을 더할 수 있답니다.

냉장고 파먹기 Q&A

Q. 냉동실에서 오랫동안 묵혀뒀던 식재료는 유통기한이 없나요?
A. 냉동 보관을 했다고 유통기한이 없는 건 아니에요. 소고기는 3개월, 돼지고기는 1개월, 닭고기는 6개월, 생선은 4~8주를 넘겼다면 사용하지 말고 버려주세요. 아무리 냉동실이라도 오염 가능성이 있답니다. '괜찮겠지'하며 요리했다가 식중독으로 병원비가 나올 수도 있어요.

Q. 양념이든 과일이든 무조건 냉장고에 보관하면 유통기한이 길어지나요?
A. 제품이나 식재료마다의 보관법이 각기 달라요. 마요네즈, 꿀, 올리브 등은 냉장고에 두면 기름과 분리되거나 하얗게 굳어버리니 꼭 상온에 보관하세요. 토마토나 고구마도 자체의 풍미를 잃거나 쉽게 썩으니 통풍이 잘되는 서늘한 곳에 보관하고요. 특히 열대 과일은 후숙성 과정이 꼭 필요하기 때문에 상온에 보관하는 게 좋답니다.

Q. 어느 정도 냉장고를 비웠는데, 장은 언제쯤 볼까요?
A. 냉장고 가계북, 즉 냉계북을 작성해보세요. 냉장고 속 재료, 살 재료, 메뉴로 카테고리를 나눈 뒤 적어놓고 비교해보세요. 살 재료의 리스트가 5개 이상 넘어갈 시 장을 보면 효율적인 장보기가 가능해져요.

❄ 냉장고 지도 활용하기

구역별로 나눠서 식재료를 정리한뒤 냉장고를 본떠서 지도를 그려보세요.
A4 용지에 칸을 나눠 그린 뒤 보관된 식재료의 위치를 하나씩 기입해주세요.
냉장고를 열지 않아도 재료를 한눈에 파악하기 쉽겠죠?
유통기한도 함께 표기한다면 대략적인 소비기한도 가늠할 수 있답니다.

냉장

문칸	다진파 · 마늘, 쌈장 만능 간장
레몬즙, 매실청 쨈류(딸기, 사과)	
	반찬칸 멸치볶음, 시금치 나물 깻잎장아찌
장류(된장, 고추장) 새우젓, 들기름	
	김치칸 동치미
버터	
	채소칸 과일칸

냉동

문칸	밥, 콩, 떡 아이스크림
고추씨, 멸치, 표고	
	육수, 국칸 -멸치육수, 고기육수 -미역국, 곰국
들깻가루, 미숫가루 콩가루	
	고기 · 생선 칸 -소고기(등심, 국거리) -돼지고기(안심, 등심) -닭 -고등어, 갈치
견과류(아몬드, 땅콩) 베리류(블루베리, 크린베리)	
	채소칸 청양고추, 죽순

※냉장고 지도는 이밥차카페 (http://cafe.naver.com/2bab)에서 다운로드 가능해요.

계량법
- 밥숟가락으로 쉽게 계량하기 -

가루 분량 재기

설탕(1) / 설탕(0.5) / 설탕(0.3)

숟가락으로 수북이 떠서 / 숟가락의 절반 정도만 / 숟가락의 ⅓정도만
위로 볼록하게 올라오도록 담아요. / 볼록하게 담아요. / 볼록하게 담아요.

다진 재료 분량 재기

다진 마늘(1) / 다진 마늘(0.5) / 다진 마늘(0.3)

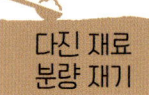  

숟가락으로 수북이 떠서 / 숟가락의 절반 정도만 / 숟가락의 ⅓정도만
꼭꼭 담아요. / 꼭꼭 담아요 / 꼭꼭 담아요.

장류 분량 재기

고추장(1) / 고추장(0.5) / 고추장(0.3)

숟가락으로 가득 떠서 / 숟가락의 절반 정도만 / 숟가락의 ⅓정도만
위로 볼록하게 올라오도록 담아요. / 볼록하게 담아요. / 볼록하게 담아요.

액체 분량 재기

간장(1) / 간장(0.5) / 간장(0.3)

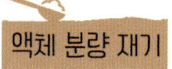  

숟가락 한가득 / 숟가락의 가장자리가 보이도록 / 숟가락의 ⅓정도만 담아요.
찰랑거리게 담아요. / 절반 정도만 담아요.

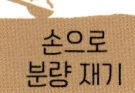
손으로 분량 재기

콩나물(1줌)

손으로 자연스럽게 한가득 쥐어요.

시금치(1줌)

손으로 자연스럽게 한가득 쥐어요.

국수(1줌=1인분)

50원 동전 굵기로 가볍게 쥐어요.

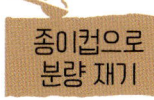
종이컵으로 분량 재기

육수(1컵=180㎖)

숟가락으로 수북이 떠서 위로 볼록하게 올라오도록 담아요.

육수($\frac{1}{2}$컵=90㎖)

숟가락으로 수북이 떠서 위로 볼록하게 올라오도록 담아요.

밀가루(1컵=100g)

숟가락으로 수북이 떠서 위로 볼록하게 올라오도록 담아요.

다진 양파(1컵=110g)

숟가락으로 수북이 떠서 위로 볼록하게 올라오도록 담아요.

아몬드($\frac{1}{2}$컵)

숟가락으로 수북이 떠서 위로 볼록하게 올라오도록 담아요.

멸치(1컵)

숟가락으로 수북이 떠서 위로 볼록하게 올라오도록 담아요.

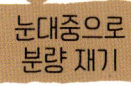
눈대중으로 분량 재기

애호박($\frac{1}{2}$개=100g)

양파($\frac{1}{4}$개=50g)

무(1토막=150g)

당근($\frac{1}{2}$개=100g)

대파 흰 부분(1대=10㎝)

마늘(1쪽=5g)

생강(1톨=7g)

돼지고기(1토막=200g)

알아두기

양념장, 소스, 드레싱
음식을 만들기 전에 미리 섞어 놓으면 좋아요. 미리 섞어두면 숙성되면서 맛이 어우러져 더 깊은 맛을 내거든요.

그 외
약간은 소금, 후춧가루 등을 엄지와 검지로 살짝 집은 정도를 말해요.
필수 재료는 음식을 만들기 위해서 꼭 필요한 재료예요.
선택 재료는 있으면 좋지만 기본적인 맛을 내는 데는 크게 영향을 끼치지 않는 재료예요.
양념 다진 마늘, 간장, 고추장, 설탕 등 맛을 내기 위해 쓰이는 재료예요.

Part 1 감자

꼭 한 봉지 통 크게 구매했다가 썩혀 버리기 일쑤죠?
베란다에 싹 나기 직전의 감자가 있다면 밑반찬부터
중독성 강한 간식으로 만들어 몽땅 털어 버리세요.

감자 Potato

담백한 풍미로 채운
감자채볶음

담백한 감자의 풍미를 제대로 느낄 수 있는 밑반찬계의 스테디셀러!
감자를 찬물에 담가 전분기를 충분히 뺀 후 조리하면
팬에 달라붙거나 부서지지 않고 예쁘게 볶을 수 있어요.

준비하기 2~3인분

필수 재료
감자·················· 2개

양념
소금·················· 0.2
후춧가루············· 약간
참깨················· 0.5

요리하기

채칼을 사용해도 좋아요.

1 감자는 껍질을 벗겨 얇게 채 썰어 찬물에 5분간 담갔다 건지고,

2 중간 불로 달군 팬에 식용유(2)를 둘러 감자를 3분간 볶고,

물을 넣으면 감자가 팬에 달라붙는 것을 막아줘요. 더 빨리 익히고 싶다면 뚜껑을 덮어도 좋아요.

3 물(3)을 넣어 3~4분간 더 익히고,

4 물이 감자에 모두 스며들면 **양념**을 뿌리고 가볍게 섞어 마무리.

겉은 바삭~ 속은 쫀득~
감자전

감자 Potato

극강의 고소함과 매력적인 식감을 자랑하는 감자전이에요.
믹서 대신 강판을 이용하면 감자 특유의 식감이 더 잘 살아나요.
노릇하게 구워 쫀득한 감자의 풍미를 즐겨보세요.

준비하기 2인분

필수 재료
감자 ·················· 2개

양념
소금 ·················· 0.2
후춧가루 ············· 약간

간장소스
고춧가루 ············· 0.5
간장 ·················· 3
식초 ·················· 1
물 ···················· 1
다진 대파 ············ 0.7
참깨 ·················· 0.2

요리하기

믹서에 물(¼컵)을 넣어 갈아도 좋아요.

1 감자는 껍질을 벗겨 강판에 갈아 체에 밭치고,

하얀 앙금은 감자전분으로 감자전을 더 쫀득하게 만들고 쉽게 찢어지는 것을 막아줘요.

2 체에 밭쳐 내린 물과 앙금이 분리되면 윗물은 따라버린 뒤 앙금만 남기고,

3 체에 밭친 감자건더기와 앙금, **양념**을 섞고,

4 중간 불로 달군 팬에 식용유(1)를 둘러 반죽을 얇게 올리고,

5 가장자리가 노릇해지면 뒤집어 2분간 더 구운 뒤 **간장소스**를 곁들여 마무리.

감자 Potato

깔끔한 국물 맛
감잣국

멸치 육수에 깍둑 썬 감자를 넣고 폭신하게 끓여보세요.
국물이 맑고 깔끔해서 볶음밥이나 비빔밥 등 양념이 어우러진 밥과 잘 어울려요.

준비하기 2인분

필수 재료
감자 ·················· 1개
대파 ············· ⅔대=7cm

선택 재료
국물용 멸치 ········· 10마리
양파 ················· ¼개

> 멸치는 내장을 뗘야 쓴맛이 나지 않아요.

양념
소금 ·················· 0.3

요리하기

1 냄비에 물(4컵)과 멸치를 넣어 중간 불로 10분간 끓이고,

2 감자는 껍질을 벗겨 한입 크기로 깍둑 썰고, 양파는 6등분하고, 대파는 어슷 썰고,

3 멸치를 건져낸 뒤 감자를 넣어 반투명해질 때까지 끓이고,

> 칼칼하게 먹고 싶다면 청양고추(1개)를 송송 썰어 넣어요.

4 양파를 넣어 4분간 더 끓인 뒤 대파를 넣고 소금(0.3)으로 간해 마무리.

감자 Potato

모닝빵의 단짝
감자샐러드

한 번에 많이 만들어 아침엔 샐러드, 저녁엔 모닝빵 사이에 쏙~
다양하게 활용할 수 있어 냉파족들에게 특히 인기!
감자를 으깨지 않고 모양을 살려서 씹는 맛이 좋답니다.

준비하기 `2인분`

필수 재료
양파························ 1/2개
감자························ 1~2개

선택 재료
소금························ 0.4
마요네즈···················· 2
후춧가루···················· 0.1

요리하기

1 감자는 껍질을 벗겨 한입 크기로 깍둑 썰고,

2 양파는 곱게 다져 소금(0.1)으로 간하고,

젓가락으로 찔렀을 때 부드럽게 들어가면 다 익은 거예요.

3 끓는 소금물(물3컵+소금0.3)에 감자를 넣고 뚜껑을 덮어 중간 불로 5분간 익혀 건지고,

4 볼에 감자와 양파, 마요네즈(2), 후춧가루(0.1)를 넣고 버무려 마무리.

감자 Potato

고소한 버터 옷에 달콤함을 솔솔
감자버터구이

휴게소 간식코너의 터줏대감, 알감자버터구이를 먹기 좋게 한입 크기로 바꿨어요.
고소한 버터풍미와 달달한 설탕의 조화가 오랫동안 사랑받는 이유를 알려주네요.

준비하기 2인분

필수 재료
감자 ·················· 2개

양념
소금 ························· 0.3
버터 ························· 2
설탕 ························· 1

요리하기

1 감자는 껍질째 큼직하게 깍둑 썰고,

중간에 한번 섞어야 고루 익어요. 끓는 물(3컵)에 6~7분간 익혀도 좋아요.

2 볼에 담아 소금(0.3)으로 간한 뒤 랩을 씌워 구멍을 뚫고 전자레인지에서 3분씩 두 번 익혀 한 김 식히고,

3 중간 불로 달군 팬에 식용유(2)와 버터(2)를 두른 뒤 버터가 녹으면 감자를 굽고,

4 골고루 노릇해지면 설탕(1)을 뿌려 마무리.

감자 Potato

얼큰한 밥도둑
감자고추장조림

포슬포슬한 감자에 칼칼한 양념장을 끼얹어 졸였어요.
일반 고춧가루 대신 청양고춧가루를 사용하면 더욱 매콤함이 업그레이드!

준비하기 2인분

필수 재료
감자 ·················· 2개

양념장
설탕 ························· 0.7
고춧가루 ················· 1.5
간장 ·························· 2
다진 마늘 ················ 0.7
고추장 ····················· 1.5

PLUS TIP
달콤짭조름한 맛을 원한다면…
간장양념장은 설탕(1)+간장(4)
+다진 마늘(0.7)+참기름(0.3)을 넣어요.

요리하기

1 감자는 껍질을 벗긴 뒤 0.7cm 두께로 납작 썰고,

눌어붙을 땐 물을 조금씩 넣어주세요.

2 중간 불로 달군 팬에 식용유(1)를 둘러 감자를 3분간 볶고,

간장양념장을 넣어도 좋아요.

3 물(1컵)을 부은 뒤 양념장을 풀어 넣고,

자주 뒤적이면 감자가 부서지니 국물을 끼얹어가며 익혀요.

4 국물이 자작해질 때까지 8~9분간 조려 마무리.

멈출 수 없는 중독성
웨지감자튀김

이보다 완벽한 맥주 안주가 또 있을까요?
두툼하게 웨지로 썰어 얇은 감자튀김보다 고소하고 폭신한 맛을 자랑해요.
식기 전에 허브솔트까지 뿌리면 금상첨화!

감자 Potato

준비하기 2인분

필수 재료
감자 ·················· 2개

양념
소금 ··················· 0.3

PLUS TIP

웨지감자튀김이 남았다면…
맛탕 만들기
간장(0.3)+설탕(2)+물(2)+물엿(2)을 넣어
젓지 않은 채로 바글바글 끓어오르면
웨지감자튀김을 넣고 재빨리 버무려 마무리.

요리하기

1 감자는 깨끗이 씻어 웨지모양으로 썰고,

구울 때 기름이 튈 수 있으니 물기를 꼭 닦아요.

2 끓는 물에 7분간 익혀 건진 뒤 물기를 닦고,

감자를 넣었을 때 가장자리에 바로 기포가 올라오면 알맞은 온도!

3 팬에 식용유를 자작하게 둘러 중간 불로 달군 뒤 감자를 넣어 튀기듯 굽고,

케첩 또는 허니머스터드를 곁들이거나 파르메산 치즈가루를 뿌리면 더 맛있어요.

4 겉면이 노릇해지면 건져 키친타월에 받친 뒤 식기 전에 소금(0.3)을 뿌려 마무리.

감자 Potato

순백의 감자 맛
전자레인지 감자칩

질소만 빵빵한 시판 감자칩에 지쳤다면 홈메이드로 만들어보세요.
얇게 썬 감자를 전자레인지에 돌려주면 완성!
기름에 튀기지 않은 건강한 맛에 뿌듯함은 덤이랍니다.

준비하기 **1인분**

필수 재료
감자 ·················· 2개

양념
소금 ·················· 1+약간

요리하기

1 감자는 깨끗이 씻어 채칼 또는 감자칼로 얇게 썰고,

2 찬물(4컵)에 소금(1)을 섞어 감자를 10분간 담갔다 건지고,

3 키친타월로 물기를 충분히 닦고,

감자가 달라붙지 않도록 식용유를 뿌려요. 종이포일을 사용할 경우 식용유는 생략하세요.

4 그릇에 키친타월을 깔고 식용유(1)를 고루 뿌려 감자를 겹치지 않게 올리고,

그릇이 뜨거우니 꺼낼 때 주의하세요.

중간중간 지켜보며 타지 않도록 주의해요.

5 전자레인지로 3분간 돌려 뒤집고 1분간 더 돌린 뒤 노릇하게 익으면 꺼내 소금을 뿌려 마무리.

감자 Potato

외국식 감자전
해시브라운

패스트푸드 아침 메뉴로 핫한 해시브라운을 집에서!
삶은 감자를 큼직하게 으깨 노릇하게 구웠더니 씹는 맛이 살아 있어요.
시판보다 나트륨과 포화지방을 한껏 줄였으니 죄책감 없이 즐겨요.

준비하기 2인분

필수 재료
감자·························· 3개

선택 재료
소금·························· 0.5
밀가루························ 1

요리하기

1 감자는 껍질을 벗겨 굵게 다지고,

2 끓는 소금물(물4컵+소금0.5)에 감자를 넣어 6~7분간 삶아 건지고,

3 나무주걱이나 포크로 절반만 으깨고,

4 밀가루(1)를 섞어 도톰하게 납작 빚고,

5 중간 불로 달군 팬에 식용유를 넉넉히 둘러 앞뒤로 노릇하게 구워 마무리.

케첩이나 머스터드를 곁들이면 더욱 맛있어요.

감자 Potato

아삭아삭 씹혀요
감자장아찌

감자로 만든 장아찌라니 무슨 맛일지 궁금하시죠?
식감은 무보다 더 아삭아삭해요.
달콤새콤한 맛이 고루 배어 고기와 곁들여도 참 좋답니다.

준비하기 3끼 분량=800㎖

필수 재료
감자 ·················· 2개

절임물
설탕 ·················· $\frac{1}{2}$컵
물 ···················· 2컵
간장 ·················· 1컵
식초 ·················· 1컵

요리하기

1 감자는 깨끗이 씻어 막대모양으로 썰고,

2 흐르는 물에 1~2번 헹군 뒤 체에 밭쳐 물기를 빼고,

3 밀폐용기에 차곡차곡 담고,

4 절임물은 냄비에 부어 끓어오르면 불을 끄고,

냉장실에서 하루 동안 숙성한 후에 드세요.

5 식기 전에 감자에 부은 뒤 미지근하게 식혀 뚜껑을 덮어 마무리.
TIP. 오래 두고 먹을 경우 2~3일 후에 국물만 따라내 끓여 미지근하게 식힌 뒤 부어요.

Part 2 버섯

은은한 맛과 쫄깃한 식감 덕분에 다양한 요리에 잘 어우러져요.
불고기나 전골을 만들고 남은 버섯이 있다면
버섯을 활용한 갖가지 반찬으로 한상 푸짐하게 차려보세요.

버섯 Mushroom

간장은 그저 거들 뿐
버터버섯구이

버터와 새송이버섯은 정말 최고의 짝꿍이에요.
고소하게 녹은 버터 위에서 새송이버섯을 말랑하게 구워내요.
밑반찬으로 즐기거나 고기에 곁들이면 좋아요.

준비하기 2인분

필수 재료
새송이버섯·············· 2개
버터 ······················· 1.5

선택 재료
검은깨 ···················· 약간

양념
간장 ······················· 1.5
맛술 ······················· 1.5
후춧가루 ················ 약간

요리하기

1 새송이버섯은 0.5cm 두께로 납작 썰고,

2 중간 불로 달군 팬에 버터(1.5)를 두른 뒤 버터가 녹으면 버섯을 올리고,

3 앞뒤로 노릇하게 구운 뒤 중약 불로 줄여 **양념**을 넣고,

4 조리듯이 익혀 간이 배면 검은깨를 뿌려 마무리.

버섯 Mushroom

쫄깃함에 반하다
버섯장조림

고기장조림처럼 불 앞에 지켜 서서 한참 끓일 필요도 없고,
끝맛이 깔끔하고 식감도 쫄깃한 게 참 매력적인 장조림이에요.
베지테리언들에게 강력 추천하는 메뉴랍니다.

준비하기 **4인분**

필수 재료
느타리버섯 ·············· 4줌

양념
간장 ························· 4
설탕 ························· 1
맛술 ························· 2

요리하기

1 느타리버섯은 밑동을 잘라 굵게 찢고,

2 냄비에 물(1½컵)을 부어 끓어오르면 버섯을 넣고,

3 다시 끓어오르면 **양념**을 넣어 중간 불로 10분간 끓이고,

식기 전에 송송 썬 청양고추나 홍고추를 넣으면 보기도 좋고 맛도 칼칼해요.

4 버섯에 간이 배고 국물이 반 정도로 졸아들면 불을 꺼 마무리.

버섯 Mushroom

클린한 한끼 식사
버섯덮밥

양송이버섯은 씹는 재미를 살려 도톰하게 썰고, 양념장은 입맛 돋도록 매콤하게 만들어요.
버섯만으로 볶았어도 맛, 포만감 어느 하나 아쉽지 않아요.

준비하기 **1인분**

필수 재료
- 양송이버섯 ············ 6개
- 대파 ············ 2대=20cm
- 밥 ············ 1공기

양념장
- 설탕 ············ 0.7
- 고춧가루 ············ 1.5
- 간장 ············ 1
- 다진 마늘 ············ 1
- 고추장 ············ 0.7
- 된장 ············ 0.5
- 참기름 ············ 0.3

양념
- 참기름 ············ 0.5
- 참깨 ············ 약간

요리하기

1 양송이버섯은 도톰하게 납작 썰고, 대파는 굵게 채 썰고,

2 양념장을 만들고,

3 센 불로 달군 팬에 식용유(1)를 둘러 양송이버섯을 굽고,

4 겉면이 노릇해지면 양념장과 대파를 넣어 2분간 볶고,

5 밥 위에 볶은 재료를 얹고 양념을 뿌려 마무리.

버섯 Mushroom

은은한 버섯의 풍미가 그대로
버섯튀김

고기와 식감이 비슷한 표고버섯!
보통 튀김과는 반대 순서로 옷을 입혀 물결 모양이 살아 있게 튀겨냈어요.
소금만 콕 찍어 본연의 향을 즐기거나, 간장마요소스를 곁들이면 굿~

준비하기 **2인분**

필수 재료
표고버섯·················· 4개
새송이버섯············· 1개
밀가루······················ ½컵

다른 종류의 버섯으로 대체해도 좋아요.

밑간
소금························· 0.2
후춧가루················· 0.1

카레가루나 허브가루를 더해도 좋아요.

반죽 재료
소금························· 0.1
다진 마늘················ 0.5
밀가루······················ ⅔컵
찬물························· ⅔컵

간장마요소스
마요네즈················· 2
간장························· 0.5

요리하기

1 표고버섯은 2등분하고, 새송이버섯은 비슷한 크기로 썰어 **밑간**하고,

2 **반죽 재료**를 젓가락으로 가볍게 섞고,

3 버섯에 반죽 → 밀가루(½컵) 순으로 옷을 입히고,

나무젓가락을 담가 2~3초 후에 기포가 올라오면 알맞은 온도예요.

4 180℃로 달군 식용유(2컵)에 노릇하게 튀겨 건진 뒤 키친타월에 밭쳐 기름기를 빼고,

다진 청양고추나 연겨자를 섞으면 더 맛있어요.

5 **간장마요소스**를 곁들여 마무리.

버섯 Mushroom

쌈과 함께 곁들여요
버섯두루치기

센 불에서 후다닥 야무지게 볶아야 하는 두루치기예요.
볶을 때 다소 빡빡해 보여도 버섯에서 수분이 나와 촉촉해진답니다.
송송 썬 청양고추를 올려 매콤하게 먹어도 좋아요.

준비하기 2인분

필수 재료
- 표고버섯 ················ 5개
- 팽이버섯 ················ 1봉
- 대파 ············· 2대=20cm
- 양파 ····················· 1/3개

양념장
- 설탕 ···················· 0.5
- 고춧가루 ················· 2
- 간장 ······················ 1
- 고추장 ·················· 1.5
- 물엿 ······················ 1
- 참기름 ···················· 1
- 참깨 ···················· 0.5

요리하기

1 표고버섯은 도톰하게 납작 썰고, 팽이버섯은 밑동을 잘라 5~6등분하고,

2 대파는 6cm 길이로 썰어 4등분하고, 양파는 굵게 채 썰고,

3 손질한 재료에 양념장을 넣어 섞고,

4 센 불로 달군 팬에 식용유(2)를 둘러 양념한 재료를 볶고,

5 양파가 반투명해지고 버섯이 부드럽게 익으면 불을 꺼 마무리.

버섯 Mushroom

아그작~ 바삭바삭
버섯강정

겉은 바삭하고 속살은 쫄깃!
바삭한 튀김옷의 비법은 바로 녹말가루예요.
한입 베어 물면 버섯 속 육즙이 팡하고 터져요.

준비하기 2인분

필수 재료
표고버섯 ············ 8~10개
녹말가루 ············ 1/3컵
대파 ············ 1대=10cm

밑간
참기름 ············ 1
후춧가루 ············ 0.2

양념장
간장 ············ 2
물 ············ 1
물엿 ············ 3.5
참기름 ············ 0.5
참깨 ············ 약간

요리하기

1 표고버섯은 기둥을 떼어낸 뒤 2~4등분해 **밑간**하고,

2 녹말가루를 넣고 가볍게 버무려 잠시 두고,

3 대파는 굵게 다져 **양념장**과 섞고,

4 180℃로 달군 식용유(3컵)에 버섯을 넣어 겉이 바삭해질 때까지 튀겨 건지고,

5 팬에 양념장을 부어 끓어오르면 튀긴 버섯을 넣고 가볍게 버무려 마무리.

버섯 Mushroom

아이들도 잘 먹어요
팽이버섯된장국

된장국 잘 안 먹는 아이들도 한 그릇 뚝딱 비워내는 순한 맛이에요.
취향에 맞게 두부나 유부를 추가해도 좋아요.
김밥이나 주먹밥과 함께 곁들이세요.

준비하기 **3인분**

필수 재료
팽이버섯················ 1봉
대파 ············· 1대=10cm

육수 재료
국물용 멸치············ 8마리
다시마 ······· 1장=10×10cm
물 ······················ $3\frac{1}{2}$컵

> 멸치는 내장을 떼야 쓴맛이 나지 않아요.

양념
된장 ·························0.7
소금 ························약간

요리하기

1 냄비에 육수 재료를 넣어 끓어오르면 다시마를 건져낸 뒤 10분간 더 끓여 멸치도 건지고,

2 팽이버섯은 밑동을 잘라 2등분하고, 대파는 송송 썰고,

3 육수에 된장(0.7)을 체에 내려 풀고,

> 팽이버섯은 오래 끓이면 질겨져요.

4 팽이버섯과 대파를 넣고 중간 불로 2분간 더 끓인 뒤 소금으로 간해 마무리.

버섯 Mushroom

새콤한 애피타이저
버섯초무침

버섯을 쪄내면 의외로 오독오독한 식감이 살아나요.
찌는 게 번거롭다면 버섯을 노릇하게 구워도 좋아요.
알싸한 파채와 함께 버무려 상큼하게 즐겨보세요.

준비하기 4인분

필수 재료
- 새송이버섯················ 3개
- 대파 ············· 2대=20cm

양념장
- 고춧가루··················0.5
- 식초·······················1.5
- 다진 마늘·················0.3
- 고추장····················1.5
- 올리고당·················· 1
- 참기름····················0.3
- 참깨······················약간

요리하기

1 새송이버섯은 막대모양으로 썰고,

2 대파는 곱게 채 썰어 찬물에 담그고,

3 김이 오른 찜기에 버섯을 넣어 2분간 찐 뒤 키친타월에 받쳐 한 김 식히고,

찌는 과정 대신 살짝 구워도 좋아요.

4 채 썬 대파는 물기를 뺀 뒤 버섯과 **양념장**을 넣고 고루 버무려 마무리.

버섯 Mushroom

고소함에 쫄깃함이 통 크게
버섯달걀전

쉽고 빠르게 부치는 초간단 전이에요.
밀가루와 달걀옷을 입혀 구워내면 팽이버섯 한 봉지가 게 눈 감추듯이 사라져요~
카레가루 반 숟가락을 섞으면 또 다른 매력으로 구미를 당기네요.

준비하기 **2인분**

필수 재료
팽이버섯·················· 1봉
달걀······················· 2개
밀가루····················· 1

양념
소금 ······················ 0.2
후춧가루················ 약간

요리하기

1 팽이버섯은 밑동을 잘라 4~5등분 하고,

2 달걀은 양념을 넣어 곱게 풀고,

3 버섯은 밀가루 → 달걀물 순으로 옷을 고루 입히고,

4 센 불로 달군 팬에 식용유(2)를 둘러 버섯을 고루 펼쳐 올리고,

5 밑면이 노릇해지면 뒤집어 중간 불로 조금 더 익혀 마무리.
TIP. 케첩이나 초간장(간장1+식초1+물1)을 곁들여요.

오래 익히면 버섯이 질겨져요.

버섯 Mushroom

기운 충전, 고소함 팍팍~
버섯들깨탕

몸이 으슬으슬할 땐 보양식 한 그릇이 필수!
표고버섯은 면역력을 높이는 데 탁월한 효과가 있답니다.
버섯을 다양하게 넣어 먹어도 좋아요.

준비하기 **2인분**

필수 재료
표고버섯 ······················ 2개
느타리버섯 ···················· 1줌
양파 ·························· 1/4개
대파 ···················· 1대=10cm

육수 재료
국물용 멸치 ················ 8마리
다시마 ············· 1장=10x10cm
물 ···························· 4컵

> 멸치는 내장을 떼야 쓴맛이 나지 않아요.

양념
국간장 ·························· 1.5
들깻가루 ·························· 5
다진 마늘 ······················ 0.5

> 국간장이 없을 땐 일반 간장으로!

🥄 PLUS TIP

들깻가루가 없을 땐?
국간장 대신 된장을 넣어 된장국으로 즐기거나 들깻가루는 생략하고 맑은 국으로 먹어도 좋아요.

요리하기

1 냄비에 **육수 재료**를 넣어 끓어오르면 다시마를 건진 뒤 10분간 더 끓여 멸치도 건져내고,

2 표고버섯은 납작 썰고, 느타리버섯은 가닥가닥 뜯고,

3 양파는 채 썰고, 대파는 어슷 썰고,

4 육수에 버섯과 양파를 넣어 중간 불로 5분간 끓이고,

5 양파가 반투명하게 익으면 **양념**을 넣어 조금 더 끓인 뒤 대파를 넣어 마무리.

> 부족한 간은 소금으로 맞춰요.

Part 3 두부

1+1세일로 두 세 개씩 집어 온 두부가 있다면
반은 냉장실에 반은 냉동실에 보관해요.
냉장실에 보관한 두부는 국, 찌개에 두루두루 활용하고
냉동실에 보관했던 두부는 조림용으로 사용하면
간이 쏙쏙 더 잘 배요.

두부 Tofu

겉은 바삭 속은 보들보들
두부구이

고소하게 코와 혀를 사로잡는 맛!
양념장에 콕 찍어 먹으면 밥도둑이 따로 없어요.
칼로리가 낮아 야식으로도 부담 없이 먹기 좋아요.

준비하기 **2인분**

필수 재료
두부 ·············· 1모=290g

양념
소금 ······················ 0.1
후춧가루 ················ 0.1
들기름 ···················· 1.5

양념장
간장 ······················ 4
물 ························· 1.5
다진 대파 ················ 1
다진 마늘 ················ 0.3
참기름 ···················· 0.7
참깨 ······················ 0.2

> 굵게 다진 달래나 부추를 넣으면 향이 더욱 좋아져요.

요리하기

1 두부는 2등분한 뒤 1cm 두께로 납작 썰고,

> 물기를 빼야 두부가 단단해지고 구울 때 기름이 튀지 않아요.

2 키친타월에 받쳐 소금(0.1), 후춧가루(0.1)로 밑간해 물기를 빼고,

> 양념장은 따로 곁들이거나 두부 위에 뿌려 먹어요.

3 양념장을 만들고,

4 중간 불로 달군 팬에 식용유(1)와 들기름(1.5)을 둘러 앞뒤로 노릇하게 구워 마무리.
TIP. 들기름을 섞어 구우면 훨씬 고소해요. 참기름도 ok!

Part 3. 두부

두부 Tofu

마늘향이 쏘옥 밴
마늘고추장소스두부조림

케첩 떡볶이를 떠올리게 하는 새콤달콤한 소스가 입맛 저격!
두부를 살짝 구워서 조리면 맛도 모양도 완벽해요.
두부 한입에 마늘 하나씩 곁들이면 더 맛있게 즐길 수 있어요.

준비하기 [2인분]

필수 재료
두부 .... 1모=290g
양파 1/4개
마늘 5쪽

밑간
소금 0.1
후춧가루 0.1

고추장소스
물 1/2컵
간장 1
케첩 1
고추장 1.5
올리고당 0.7
참기름 0.5

요리하기

1 두부는 도톰하게 썰어 **밑간**한 뒤 키친타월에 밭쳐 물기를 빼고,

2 양파는 굵게 다지고, 마늘은 꼭지를 떼 납작 썰고,

3 팬에 식용유(2)를 둘러 두부를 올린 뒤 중간 불로 앞뒤로 노릇하게 구워 건지고,

4 같은 팬에 식용유(0.5)를 둘러 양파와 마늘을 넣어 1분간 볶고,

간이 잘 배도록 소스를 끼얹어가며 조려요.

5 **고추장소스**와 구운 두부를 넣어 5분간 조려 마무리.

두부 Tofu

속이 편한 순둥한 맛
두부젓국

바쁜 아침 후루룩 끓여 국밥처럼 밥 한술에 곁들이면 까끌한 입을 따뜻하게 데워줘요.
담백한 맛이라 아침식사로 부담 없답니다.

준비하기 2인분

필수 재료
두부 ·············· 1모=290g
대파 초록부분··· 1대=10cm

육수 재료
다시마 ·········· 1장=5x5cm
국물용 멸치············ 8마리
물 ························ 3⅓컵

양념
새우젓 ····················· 1.5
소금 ························ 0.2
다진 마늘 ················· 0.3

요리하기

1 냄비에 육수 재료를 넣어 끓어오르면 다시마를 건진 뒤 중간 불로 10분간 끓이고,

2 두부는 사방 2cm로 깍둑 썰고, 대파는 어슷 썰고,

3 멸치를 건져낸 뒤 두부를 넣어 중간 불로 3분간 끓이고,

깔끔한 맛을 원한다면 새우젓은 국물만!

4 양념으로 간해 2분간 더 끓인 뒤 대파를 넣어 마무리.
TIP. 참기름 1~2방울을 떨어뜨려도 좋아요.

두부 Tofu

몽글몽글 부드러워요
순두부간장조림

시간 없을 때 후다닥 만들어 내기 좋은 메뉴예요.
자투리채소 털어 넣고 순두부를 얹어 조리만 주세요.
슴슴하니 단품으로 먹기에도 좋네요.

준비하기 **2인분**

필수 재료
- 양파 ··················· ½개
- 대파 ············· 1대=10cm
- 마늘 ··················· 2쪽
- 순두부 ········· 1봉=350g

양념장
- 간장 ····················· 4
- 올리고당 ················ 1
- 참기름 ················· 0.3
- 참깨 ··················· 0.5
- 후춧가루 ·············· 0.2

> 칼칼하게 먹고 싶다면 송송 썬 청양고추(1개) 또는 고춧가루(1) 추가!

요리하기

1 양파는 채 썰어 2등분하고, 대파와 마늘도 비슷한 길이로 채 썰고,

2 중간 불로 달군 팬에 식용유(0.5)를 둘러 양파와 마늘을 20초간 볶고,

3 순두부와 양념장을 넣고 숟가락으로 순두부를 큼직하게 갈라가며 양념이 배도록 7분간 끓이고,

4 대파를 넣고 불을 꺼 마무리.

두부 Tofu

저칼로리 애피타이저
두부파채샐러드

식전 입맛을 돋우는 데엔 이만한 샐러드가 없죠.
새콤한 간장 드레싱에 아삭한 파채를 더했어요.
알싸한 맛이 두부의 담백함과 잘 어울려요.

준비하기 **2인분**

필수 재료
두부 ············· 1모=290g
대파 ············· 3대=30cm

밑간
소금 ······················ 0.2
후춧가루 ················ 0.1

드레싱
설탕 ······················ 0.5
식초 ······················ 1.5
간장 ······················ 2.5
다진 마늘 ··············· 0.3
참기름 ···················· 1

요리하기

1 두부는 가로로 2등분하여 밑간한 뒤 키친타월에 밭쳐 물기를 빼고,

대파를 찬물에 담그면 매운맛이 빠지고 식감이 좋아져요.

2 대파는 깊게 칼집을 넣어 가운데의 굵은 심을 제거한 뒤 반으로 접어 채 썰어 찬물에 담그고,

3 중간 불로 달군 팬에 식용유(2)를 둘러 두부를 앞뒤로 노릇하게 구워 꺼내고,

4 대파채는 체에 밭쳐 물기를 빼고,

5 구운두부 위에 대파채와 드레싱을 올려 마무리.

두부 Tofu

연두부의 맛깔난 변신
마파연두부덮밥

순백의 연두부에 중화풍의 마파소스를 입혔어요.
된장을 조금만 더해도 감칠맛이 배가되네요.
연두부를 사용해야 부드러운 목넘김을 제대로 느낄 수 있어요.

준비하기 2인분

필수 재료
- 대파 ······· 1대=10cm
- 양파 ······· ½개
- 연두부 ······ 1팩=250g
- 밥 ········ 2공기

마파소스
- 설탕 ······· 0.7
- 고춧가루 ····· 1.5
- 고추장 ······ 1
- 된장 ······· 0.7
- 굴소스 ······ 0.7
- 참기름 ······ 0.3

요리하기

1 마파소스를 만들고,

소스는 미리 섞어 고춧가루를 불려야 텁텁하지 않고 잘 어우러져요.

2 대파는 송송 썰고, 양파는 굵게 다지고,

대파는 조금 남겨두었다가 장식용으로!

3 약한 불로 달군 팬에 식용유(3)를 둘러 대파와 양파를 볶아 향이 올라오면 마파소스를 넣어 30초간 볶고,

4 물(½컵)을 부은 뒤 연두부를 숟가락으로 큼직하게 떠 넣어 중간 불로 3분간 끓이고,

5 밥 위에 얹어 마무리.

두부 Tofu

부담 없기로는 1등
소보로두부

다이어터들에게 닭가슴살만큼이나 인기 만점인 두부.
밥 반 공기는 덜어내고 고슬고슬 볶은 소보로두부를 올려 포만감은 높이고 칼로리는 낮춰보세요.

준비하기 **2인분**

필수 재료
두부 ·············· 1모=290g

양념장
> 간장으로만 간하면 짤어지니 소금과 섞어 사용해요.

소금 ························· 0.2
고춧가루 ··················· 0.5
간장 ························· 3
다진 마늘 ··················· 0.3
올리고당 ··················· 1
참기름 ······················ 0.5

요리하기

1 양념장을 만들고,

2 두부는 칼의 옆면으로 으깨 키친타월 또는 면포로 물기를 닦고,

3 마른 팬에 으깬 두부를 넣어 고슬고슬해질 때까지 중간 불로 12분간 볶고,

> 밥에 얹어 덮밥으로 먹거나 밥과 함께 볶아 먹어도 좋아요.

4 양념장을 부어 간이 잘 배도록 2분간 볶아 마무리.

두부 Tofu

참기름 한 방울은 필수
두부밥과 된장비빔장

애매하게 남은 두부 반 모가 처치 곤란이라면 밥을 지을 때 함께 넣어보세요.
짭조름한 된장비빔장에 비비면 꿀맛이랍니다.
냉장고 속 남은 반찬도 탈탈 털어 비벼요.

준비하기 2인분

필수 재료
쌀 ················· 1½컵
두부 ············· ½모=145g

된장비빔장
된장 ····················1.5
물 ························1
다진 마늘 ············0.5
올리고당 ·············0.5
참기름 ··················0.5

요리하기

1 쌀은 깨끗이 씻어 잠길 정도로 물을 부어 30분간 불리고,

2 두부는 사방 2cm로 깍둑 썰고,

전기밥솥으로 취사해도 좋아요.

3 냄비에 불린 쌀과 쌀 불린 물(1⅔컵), 두부를 넣고 뚜껑을 덮어 센 불로 끓이고,

4 끓어오르면 중간 불로 줄여 6분, 약한 불로 5분 더 익힌 뒤 불을 꺼 5분간 뜸들이고,

송송 썬 부추나 데친 나물을 넣고 함께 비벼도 좋아요.

5 밥을 가볍게 섞어 그릇에 담은 뒤 된장비빔장을 곁들여 마무리.

두부 Tofu

느끼함을 쏙 뺐어요
두부강정

겉은 노릇하고 속은 촉촉~
달큰한 강정소스에 버무려 따뜻할 때 드세요.
밑반찬과 아이들 간식까지 한 번에 해결~!!

준비하기 2인분

필수 재료
두부 ···················· 1모=290g

밑간
소금 ························ 0.1
후춧가루 ··················· 0.1

강정소스
간장 ······················· 0.5
물 ························· 2
다진 마늘 ··················· 0.3
케첩 ······················· 1.5
고추장 ····················· 1
올리고당 ···················· 1

요리하기

1 두부는 큼직하게 깍둑 썰어 **밑간**한 뒤 키친타월에 밭쳐 물기를 빼고,

2 강정소스를 만들고,

중간 중간 식용유를 둘러가며 구워요.

3 중간 불로 달군 팬에 식용유(2)를 둘러 두부를 노릇하게 굽고,

참깨 또는 굵게 다진 견과류를 뿌려도 좋아요.

4 다른 팬에 강정소스를 부어 끓어오르면 구운 두부를 넣고 재빨리 버무려 마무리.

두부 Tofu

달큰하게 조려 올린
두부조림초밥

초밥에 꼭 생선만 올리란 법 있나요?
달콤한 양념장에 조린 두부를 새콤한 밥 위에 올려보세요.
유부초밥보다 훨씬 꽉 찬 맛이에요. 와사비도 잊지 마세요~

준비하기 2인분

필수 재료
두부 ············· 1모=290g
따뜻한 밥 ········· 1½공기

단촛물
소금 ················· 0.2
설탕 ················· 0.5
식초 ··················· 2

양념
소금 ················· 0.2
간장 ··················· 5
올리고당 ············· 3

요리하기

1 두부는 2등분한 뒤 소금(0.2)을 뿌려 키친타월에 밭쳐 물기를 빼고,

2 중간 불로 달군 팬에 식용유(2)를 둘러 두부의 모든 면이 노릇해질 때까지 굽고,

3 간장(5), 물(3), 올리고당(3)을 넣어 물기가 없어질 때까지 조려 한 김 식히고,

4 따뜻한 밥에 **단촛물**을 섞어 한입 크기로 빚고,

밥과 두부 사이에 와사비를 바르거나 김을 길게 잘라 둘러도 좋아요.

5 두부를 납작하게 썰어 밥 위에 얹어 마무리.

Part 4 콩나물

아삭한 식감이 돋보이는 식재료로 저렴한 가격에 꼭 한 봉지씩 사게 돼요.
자주 먹는 콩나물국이나 무침도 맛있지만
후루룩 볶아낸 볶음부터 영양만점 밥요리까지!
콩나물 딱 한 봉지면 충분해요.

콩나물 Bean Sprouts

기본 중의 기본
콩나물무침

사시사철 식탁 위에 오르는 가장 만만한 밑반찬이죠.
소금 대신 액젓 한 스푼을 넣어 더 맛깔나게 무쳐내도 좋아요.
밥, 고추장, 참기름에 슥슥 비벼 비빔밥으로 즐겨도 꿀맛~

준비하기 4인분

필수 재료
콩나물 ············ 3줌=210g
대파 ············· 1대=10cm

양념
소금 ························· 0.5
참기름 ······················ 1.5
참깨 ························· 0.3

요리하기

1 콩나물은 지저분한 부분만 떼어내고,

2 끓는 소금물(물4컵+ 소금0.3)에 콩나물을 4분간 데치고,

3 체에 밭쳐 물기를 뺀 뒤 넓게 펼쳐 식히고,

4 대파는 굵게 다지고,

밀폐용기에 담아 냉장실에서 3~4일간 보관이 가능해요.

5 식힌 콩나물에 대파, 소금(0.2), 참기름(1.5), 참깨(0.3)를 넣고 무쳐 마무리.

콩나물 Bean Sprouts

아삭아삭 별미 반찬
콩나물볶음

콩나물무침보다 아삭함이 도드라지는 콩나물볶음이에요.
센 불에 재빨리 볶아내 콩나물 특유의 비릿한 향도 날렸어요.
매콤한 양념으로 간해 밥반찬으로 안성맞춤!

준비하기 4인분

필수 재료
- 양파 ············· 1/4개
- 대파 ············· 1대=10cm
- 콩나물 ··········· 4½줌=315g

양념
- 다진 마늘 ········· 0.7
- 참기름 ··········· 0.7
- 참깨 ············· 0.3

양념장
- 소금 ············· 약간
- 설탕 ············· 0.1
- 고춧가루 ·········· 1.2
- 간장 ············· 2

> 간장을 너무 많이 넣으면 색이 탁해지고 물이 많이 생기니 소금으로 부족한 간을 맞춰요.

요리하기

1 양파는 채 썰고, 대파는 길게 반 갈라 0.5cm 두께로 송송 썰고,

2 양념장에 송송 썬 대파를 섞고,

3 중간 불로 달군 팬에 식용유(1.5)를 둘러 양파와 다진 마늘(0.7)을 30초간 볶고,

> 센불로 볶아야 콩나물이 질겨지지 않아요.

4 양파가 반투명하게 익으면 콩나물과 양념장을 넣어 센 불로 2분간 더 볶고,

5 콩나물의 숨이 죽고 양념이 잘 배어들면 참기름(0.7)과 참깨(0.3)를 뿌려 마무리.

콩나물 Bean Sprouts

속까지 시원해요
맑은 콩나물국

요리 초보들이 겁내는 맑은국 맛내기. 생각보다 어렵지 않아요.
시원한 국물 맛을 보장하는 콩나물만 있으면 된답니다. 포인트는 새우젓 한 스푼!
소금이나 국간장 보다 깊은 맛을 내요. 마늘도 바로 다져서 넣으면 국물 맛이 훨씬 깔끔해져요.

준비하기 [2인분]

필수 재료
- 콩나물 ············ 2줌=140g
- 대파 ············ 1대=10cm
- 마늘 ············ 2쪽

육수 재료 *(멸치 내장은 쓴맛이 나니 제거해요.)*
- 국물용 멸치 ············ 8마리
- 다시마 ············ 1장=10×10cm
- 물 ············ 4컵

양념 *(국간장이 없을 땐 일반 간장으로!)*
- 국간장 ············ 1
- 소금 또는 새우젓 ············ 약간

요리하기

1 냄비에 **육수 재료**를 넣어 끓어오르면 다시마를 건져내 10분간 더 끓인 뒤 멸치도 건져내고,

2 콩나물은 지저분한 부분만 떼고,

3 대파는 어슷 썰고, 마늘은 칼 옆면으로 눌러 으깨고,

4 끓는 육수에 콩나물을 넣어 4분간 끓이고,

(칼칼한 맛을 내고 싶을 땐 송송 썬 청양고추나 홍고추 또는 고춧가루(0.5) 투하!)

5 국간장(1), 대파, 마늘을 넣어 조금 더 끓인 뒤 소금이나 새우젓으로 부족한 간을 맞춰 마무리.
TIP. 소금으로 간을 맞출 때 액젓(0.5)을 함께 넣으면 감칠맛이 나요.

콩나물 Bean Sprouts

해장국의 정석
김치콩나물국

아스파라긴산이 풍부한 콩나물은 숙취에 탁월하다고 해요.
송송 썬 김치를 넣어 얼큰하게 국으로 끓이면 완벽한 해장국이 완성!
김과 날달걀을 추가하면 전주 콩나물국밥 느낌도 나요.

준비하기 **2인분**

필수 재료
- 콩나물 ············· 2줌=140g
- 대파 ············· 1대=10cm
- 김치 ············· ⅔컵
- 김칫국물 ············· ⅓컵

육수 재료
- 국물용 멸치 ············· 8마리
- 다시마 ············· 1장=10x10cm
- 물 ············· 4컵

> 멸치 내장은 쓴맛이 나니 제거해요.

양념
- 소금 ············· 0.2
- 고춧가루 ············· 0.3
- 다진 마늘 ············· 0.5
- 후춧가루 ············· 약간

요리하기

1 냄비에 **육수 재료**를 넣어 끓어오르면 다시마를 건져내 10분간 더 끓인 뒤 멸치도 건져내고,

2 콩나물은 지저분한 부분만 떼고,

3 대파는 송송 썰고, 김치는 한입 크기로 썰고,

4 육수에 김치와 김칫국물(⅓컵)을 넣어 김치가 반투명해질 때까지 끓이고,

5 콩나물을 넣어 3분간 더 끓이고,

6 **양념**으로 간한 뒤 2분간 더 끓여 마무리.
TIP. 전주 콩나물국밥처럼 즐기고 싶다면 달걀노른자, 김가루, 참깨 등을 얹어요.

콩나물 Bean Sprouts

반찬 없이도 뚝딱
콩나물밥

만드는 법이 간단해서 밥하기 귀찮은 날 추천하고 싶은 메뉴예요.
반찬은 김치면 충분하고요.
콩나물에서 수분이 나오면 자칫 진밥이 될 수 있으니 밥물은 보통 밥보다 적게 잡아주세요.

준비하기 2인분

필수 재료
- 쌀 ·················· 2컵
- 콩나물 ········ 2⅓줌=175g

양념간장
- 고춧가루 ················· 1.5
- 간장 ······················· 3
- 다진 마늘 ················ 0.5
- 다진 대파 ················ 1
- 올리고당 ················· 0.5
- 참기름 ···················· 2
- 부순 참깨 ················ 0.5

> 대파 대신 쪽파나 달래, 부추 등을 넣어도 좋아요.

요리하기

1 쌀(2컵)은 흐르는 물에 여러 번 헹군 뒤 30분 정도 불리고,

2 콩나물은 깨끗이 씻어 지저분한 부분만 떼어내고,

> 평소보다 밥물을 적게 잡아야 질어지지 않아요.

3 전기밥솥에 불린 쌀과 물(1⅓컵)을 넣은 뒤 콩나물을 올려 취사하고,
TIP. 식용유(0.5) 또는 다시마(1장=5x5cm)를 넣으면 밥알에 윤기가 돌아요.

> 버터(1조각)를 얹어도 맛있어요.

4 가볍게 섞고,

5 그릇에 담아 **양념간장**을 곁들여 마무리

콩나물 Bean Sprouts

해물찜 간단 버전
콩나물찜

해물찜에 해물보다 콩나물이 더 좋다는 분들에게 강력 추천하는 메뉴예요.
칼칼한 양념장에 버무려 쪄냈더니 해물 없이도 밥 한 그릇 뚝딱!
마무리로 먹는 볶음밥도 꼭 잊지 마세요~

준비하기 `2~3인분`

필수 재료

> 소시지, 어묵, 버섯 등을 더해도 좋아요!

- 대파 ············· 1대=10cm
- 양파 ············· ¼개
- 콩나물 ········ 4½줌=315g
- 참기름 ··················· 1

선택 재료

- 다시마 ······ 1장=10x10cm
- 검은깨 ················ 약간

녹말물

- 물 ······················· 2
- 녹말가루 ·············· 0.7

양념장

- 고춧가루 ················ 2
- 설탕 ···················· 0.7
- 다진 마늘 ················ 1
- 간장 ······················ 1
- 굴소스 ··················· 1
- 고추장 ··················· 2

요리하기

1 대파와 양파는 굵게 채 썰고,

2 냄비에 다시마와 물(⅔컵)을 넣어 중간 불로 끓이고,

3 끓어오르면 다시마를 건져낸 뒤 콩나물, 양파, 대파, **양념장**을 넣고,

> 녹말물을 붓고 바로 섞어야 덩어리지지 않아요.

4 뒤적여가며 볶아 콩나물의 숨이 죽으면 **녹말물**을 둘러 부어 재빨리 볶고,

5 국물이 살짝 걸쭉해지면 참기름(1)과 검은깨를 뿌려 마무리.

콩나물 Bean Sprouts

공깃밥 스틸러
콩나물장조림

콩나물로 장조림이라니, 조금 생소하죠?
달달한 간장 양념이 쏘옥 배어 입맛을 돋운답니다.
꼬들꼬들한 식감은 장아찌 같기도 해요.

준비하기 4인분

필수 재료
- 콩나물 ············ 4½줌=315g
- 대파 ············ 2대=20cm
- 양파 ············ ¼개

양념
- 물엿 ············ 1
- 참기름 ············ 1
- 참깨 ············ 0.5

조림장
- 물 ············ 1컵
- 설탕 ············ 1
- 간장 ············ 4
- 굴소스 ············ 0.7

요리하기

1 콩나물은 지저분한 부분만 떼어내고,

2 대파는 3등분하고, 양파는 굵게 채 썰고,

3 중약 불로 달군 냄비에 대파를 넣어 겉면이 노릇해지도록 굽고,

4 조림장을 부어 끓어오르면 콩나물과 양파를 넣어 중간 불로 7~8분간 끓이고,

5 콩나물에 간이 배고 국물이 자작해지면 물엿(1)을 넣은 뒤 센 불로 1분간 조려 불을 끄고,

6 참기름(1)과 참깨(0.5)를 뿌려 마무리.

콩나물 Bean Sprouts

중독주의보
콩나물비빔국수

고춧가루 팍팍 넣어 무친 콩나물 비빔국수로 스트레스를 날려보세요.
쫄깃한 면발과 아삭한 콩나물의 조합은 언제나 환영이죠.
통통한 꼬막살을 곁들이면 식감도 영양도 배가 된답니다.

준비하기 **1인분**

필수 재료
샘표 바로바로 요리하는 꼬막 …… 1캔=140g
양파 ……………………… 1/4개
콩나물 ………… 1½줌=105g
라면사리 ……………… 1개

> 라면사리 대신 소면을 사용해도 좋아요.

> 라면스프(0.3)를 더해도 좋아요.

양념장
고춧가루 ………………… 0.7
간장 ……………………… 1
식초 ……………………… 2
다진 마늘 ……………… 0.3
고추장 …………………… 1
물엿 ……………………… 1
참기름 …………………… 0.7
참깨 ……………………… 0.3

PLUS TIP
샘표 바로바로 요리하는 꼬막 대신 바지락, 우렁을 넣어도 좋아요.

요리하기

> 육수는 버리지말고 남겨두세요.

1 꼬막은 체에 밭쳐 육수와 꼬막을 분리하고,

2 양념장을 만들어 냉장실에 차게 두고,
TIP. 남겨둔 육수 2~3스푼을 양념장에 추가해 감칠맛을 더해도 좋아요.

3 양파는 곱게 채 썰어 찬물에 5분간 담갔다 건져 물기를 빼고,

4 끓는 물(4컵)에 콩나물을 넣어 다시 끓어오르면 라면을 넣은 뒤 3분 30초간 더 끓이고,

5 체에 밭쳐 흐르는 찬물에 여러 번 비벼 씻은 뒤 물기를 빼고,

> 양념장은 취향에 따라 양을 조절해요.

6 양념장을 넣고 버무린 뒤 그릇에 담고 양파와 꼬막을 올려 마무리.

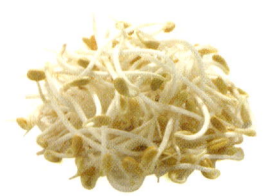

콩나물 Bean Sprouts

매콤한 막걸리 안주
콩나물장떡

고추장과 된장으로 간해 부쳐내는 장떡은 할머니 댁에 가면 자주 먹곤 했죠.
간간해서 보통 밥반찬이나 안주로 즐겼는데요.
장떡에 콩나물을 넣어 짠맛은 낮추고 아삭한 식감은 더했답니다.

준비하기 [2인분]

필수 재료
콩나물··········· 2줌=140g
대파 ············· 1대=10cm

반죽 재료
고추장 ··················· 1
된장 ···················· 0.3
밀가루 ················ 1¼컵

> 밀가루 대신 부침가루를 사용해도 OK!

요리하기

1 콩나물은 2등분하고, 대파는 굵게 다지고,

2 찬물(1컵)에 고추장(1), 된장(0.3)을 덩어리 없이 푼 뒤 밀가루(1¼컵)를 섞고,

3 콩나물과 대파를 넣어 한 번 더 섞고,

4 중간 불로 달군 팬에 식용유(3)를 둘러 반죽을 얹고,

> 중간중간 식용유를 보충하며 노릇해질 때까지 구워요.

5 가장자리가 노릇해지면 뒤집어 조금 더 익혀 마무리.

콩나물 Bean Sprouts

분식집 스타일
콩나물볶음밥

즉석떡볶이집에서 볶음밥이 제일 좋다는 분들을 위해 준비했어요.
매콤한 볶음밥에는 아삭하고 시원한 맛을 더해주는 콩나물이 필수인 거 아시죠?
팬에 살짝 눌어붙은 누룽지까지 야무지게 긁어 먹어요.

준비하기 [1인분]

필수 재료
- 콩나물 ············ 1½줌=105g
- 밥 ················· 1공기

선택 재료
- 달걀 ················· 1개

양념
- 참깨 ················· 0.3

양념장
- 설탕 ················· 0.7
- 고춧가루 ············ 0.7
- 간장 ················· 0.7
- 고추장 ·············· 1.5
- 참기름 ·············· 0.7
- 물 ··················· 1

요리하기

1 양념장을 만들고,

2 중간 불로 달군 팬에 식용유(1)를 둘러 콩나물을 2분간 볶고,

3 밥과 양념장을 넣고 고루 섞이도록 3~4분간 더 볶고,

4 다른 팬에 식용유(1)를 둘러 중간 불로 달군 뒤 달걀프라이를 하고,

김가루나 깻잎 등을 올리면 더 맛있어요.

5 볶은 밥 위에 달걀프라이를 얹고 참깨(0.3)를 뿌려 마무리.

Part 5 | 어묵

양도 많고 착한 가격에 냉동실에 늘 쟁여두게 돼요.
생선살이 듬뿍 들어가 감칠맛은 물론이고 오동통하고 쫄깃한 식감 덕분에
남녀노소 누구에게나 사랑받아요. 끓여도 볶아도 튀겨도 맛있는 어묵을
탈탈 털어 일주일 식단을 계획해보세요.

어묵 Fish Cake

시원한 감칠맛이 제대로
어묵국

만만하게 도전하기 좋은 국물 요리예요.
어묵 맛이 충분히 우러날 때까지 끓여주는게 포인트.
무를 썰어 넣으면 국물이 더 시원해요.

준비하기 2인분

필수 재료
사각어묵 ············· 2장
대파 ············ 1대=10cm

육수 재료
물 ················· 3½컵
국물용 멸치 ········· 8마리
다시마 ········ 1장=5×5cm

양념
국간장 ················ 0.7
다진 마늘 ·············· 0.3

요리하기

1 냄비에 **육수 재료**를 넣어 끓어오르면 다시마를 건져낸 뒤 10분간 더 끓이고,

2 육수를 낼 동안 어묵은 한입 크기로 썰고, 대파는 어슷 썰고,

3 멸치를 건져낸 뒤 어묵을 넣어 3분간 끓이고,

부족한 간은 소금으로 맞춰요.

4 **양념**으로 간을 맞춘 뒤 대파를 넣고 2분간 더 끓여 마무리.

어묵 Fish Cake

아이들이 좋아하는 밥반찬
어묵간장조림

달큰한 간장 양념에 조린 어묵으로 아이들 밑반찬 고민을 덜었어요.
국물 없이 바싹 조려내서 도시락 반찬으로도 딱이에요.
밥 위에 얹어 덮밥 스타일로 즐겨도 좋답니다.

준비하기 3인분

필수 재료
사각어묵·················· 3장
양파······················· ½개

선택 재료
대파 ··············· 1대=10cm

양념장
간장 ························ 2.5
다진 마늘 ·················· 0.5
물엿 ·························· 1
참기름 ······················ 0.5
참깨 ························ 0.3

요리하기

1 어묵은 한입 크기로 썰고, 양파는 채 썰고, 대파는 어슷 썰고,

2 중간 불로 달군 팬에 식용유(2)를 둘러 어묵과 양파를 2분간 볶고,

3 어묵과 양파는 한 쪽으로 밀어낸 뒤 빈 공간에 **양념장**을 붓고,

4 바글바글 끓어오르면 대파를 넣고 양념이 배도록 1분간 고루 볶아 마무리.

어묵 Fish Cake

어묵러버를 위한 메뉴
어묵볶이

떡의 자리마저 어묵으로 채운 어묵볶이!
탱탱한 어묵 속에 맵싹한 양념이 제대로 배었어요.
떡볶이 속 어묵만 골라 먹는 편식쟁이들이 대환영할 메뉴랍니다.

준비하기 3인분

> 사각어묵을 사용할 경우 4장 정도가 적당해요.

필수 재료
- 봉어묵 ············ 5개=250g
- 대파 ············· 1대=10cm
- 양파 ············· 1/3개

양념장
- 물 ················ 1½컵
- 고춧가루 ············· 2
- 간장 ················ 1
- 고추장 ··············· 1
- 물엿 ················ 2
- 후춧가루 ············· 0.2

요리하기

1 봉어묵은 3등분하고, 대파는 길게 2등분하여 어묵과 비슷한 길이로 썰고, 양파는 굵게 채 썰고,

2 냄비에 **양념장**과 어묵을 넣어 중간 불로 끓이고,

3 끓어오르면 양파를 넣어 양파가 부드럽게 익을 때까지 3~4분간 더 끓이고,

4 대파를 넣어 마무리.

어묵 Fish Cake

든든한 한 끼
어묵마요무침

볶거나 끓이기만 했던 어묵의 변신~ 살짝 데쳐 샐러드로 만들어보세요.
양상추를 바닥에 깔거나 오이를 썰어 얹어도 좋아요.
마요네즈의 부드러움과 식초의 새콤함이 어묵과 잘 어우러지네요.

준비하기 2인분

필수 재료
어묵 ·························· 3장

마요소스
소금 ························· 0.1
설탕 ························· 0.2
마요네즈 ···················· 2.5
식초 ························· 1.5
후춧가루 ···················· 약간

요리하기

1 어묵은 끓는 물(3컵)에 10초간 데쳐 건지고,

기름기를 없애는 과정이에요. 생략해도 좋아요.

2 데친 어묵은 키친타월로 물기를 닦아낸 뒤 굵게 채 썰고,

3 마요소스를 만들고,

4 볼에 어묵과 마요소스를 넣고 가볍게 버무려 마무리.

어묵 Fish Cake

3분이면 충분해
어묵칩

재료 손질부터 완성까지 3분 내로 만들 수 있어요.
오븐 없이도 바삭하고 쫄깃하게 휘리릭~
고추냉이간장 또는 케첩을 곁들여도 별미예요.

 **준비하기** 1인분

필수 재료
어묵······················ 2장

선택 재료
고추냉간장············ 간장2+고추냉이0.3
케첩······················ 적당량

 **요리하기**

1 어묵은 1.5cm 두께로 길게 썰고,

2 그릇 위에 어묵을 겹치지 않게 올리고,

> 한 번에 오래 돌리면 탈 수 있으니 중간중간 보며 시간을 조절하세요.

3 전자레인지로 2분간 돌린 뒤 뒤집어 1분씩 2~3번 더 돌려 바삭해지면 꺼내 고추냉이간장 또는 케첩을 곁들여 마무리.

간단하게 부쳐내는
어묵전

어묵으로 전 부칠 생각 해본 적 있나요?
어묵과 밀가루만 있으면 심플하게 만 들 수 있어요.
아이들 반찬이나 간식으로 특히 추천해요.

준비하기  1인분

필수 재료
어묵 ······················· 3장
밀가루 ···················· 1/3컵

양념
소금 ······················· 0.2

요리하기

1 채 썬 어묵에 소금(0.2)과 밀가루(1/3컵), 물(1/3컵)을 넣은 뒤 가볍게 섞고,

2 중간 불로 달군 팬에 식용유(3)를 둘러 반죽을 얇게 펼치고,

3 가장자리가 노릇해지면 뒤집어 3분간 더 익힌 뒤 초간장을 곁들여 마무리.
TIP. 초간장은 간장2+식초1+물1을 섞어서 만들어요.

Part 5. 어묵 117

어묵 Fish Cake

도시락으로 안성맞춤
어묵주먹밥구이

그냥 먹어도 맛있는 주먹밥을 구우면 누룽지처럼 고소해져요.
고소한 밥 속에 숨어 있다 씹히는 어묵이 매콤한 양념과 함께 어우러져 감칠맛을 책임져요.

준비하기 `2인분`

필수 재료
어묵·················· 2장
밥 ····················· 2공기

양념
소금 ················· 0.2
참기름 ············· 1
참깨 ················· 0.7

양념장
물 ····················· 1
고추장 ············· 0.7
물엿 ················· 0.7

> 고추장 대신 간장(1.5)을 섞어도 좋아요.

요리하기

1 어묵은 굵게 다지고,

2 볼에 다진 어묵, 밥, **양념**을 섞고,

> 원하는 모양으로 납작하게 빚어요.

3 삼각형으로 도톰하게 납작 빚고,

4 중간 불로 달군 팬에 식용유(1.5)를 둘러 주먹밥을 앞뒤로 1~2분씩 굽고,

> 양념장은 쉽게 타니 주의해요.

5 **양념장**을 발라가며 다시 한 번 노릇하게 구워 마무리.

어묵 Fish Cake

어묵으로 맛을 낸
어묵타코야키

일본 오사카의 대표 간식 타코야키를 어묵으로 만들어봤어요.
밀가루 반죽을 입히지 않아서 탱탱한 식감이 일품이에요.
초간단 버전의 데리야키소스도 제 몫을 톡톡히 해요. 파래가루를 뿌리면 원조 타코야키 못지않답니다.

준비하기 2인분

필수 재료
볼어묵·················· 16개

> 사각어묵을 사용할 경우 2장 정도가 적당해요.

데리야키소스
대파·················· ½대=5cm
물··················· 3
간장·················· 4
물엿·················· 3

요리하기

> 대파의 단맛과 향을 내는 과정이에요.

1 마른 팬에 대파가 살짝 탈 때까지 굽고,

> 식으면서 더 걸쭉해지니 원하는 농도보다 살짝 묽을 때 불을 꺼요.

2 나머지 **데리야키소스**를 넣어 2~3분간 끓여 걸쭉해지면 불을 끄고,

3 다른 팬에 식용유(2)를 둘러 중간 불로 달군 뒤 어묵을 노릇하게 굽고,

> 취향에 따라 가쓰오부시, 쪽파 등을 뿌려요.

> 짤주머니나 지퍼백에 담아 모서리를 작게 잘라 지그재그로 뿌리면 좋아요.

4 그릇에 담아 데리야키소스와 마요네즈를 뿌려 마무리.

어묵 Fish Cake

바삭바삭~
어묵가스

바삭한 튀김옷 속 어묵이?
튀김반죽은 최대한 얇게 묻혀주세요.
야키만두 대신 떡볶이에 콕 찍어 먹기 좋아요.

준비하기 **3인분**

필수 재료
사각어묵·················· 3장
빵가루····················· 1컵

선택 재료
돈가스소스············ 적당량

튀김반죽
밀가루····················· $\frac{1}{2}$컵
물··························· $\frac{2}{3}$컵

요리하기

1 어묵은 4등분하고,

2 **튀김반죽**을 만들고,

빵가루는 손으로 꾹꾹 눌러 입혀요.

3 어묵을 튀김반죽 → 빵가루 순으로 옷을 입히고,

돈가스소스 또는 케첩을 곁들여요.

4 중간 불로 달군 팬에 식용유를 자작하게 둘러 어묵을 앞뒤로 노릇하게 튀겨 마무리.

어묵 Fish Cake

쏘야의 명성을 잇는
어묵케첩볶음

모두가 아는 그 맛일지라도 어묵이 들어가면 감칠맛이 남달라요.
냉장고 속 자투리 채소를 탈탈 털어 넣고 함께 볶아도 좋아요.
청양 고춧가루와 청양고추를 넣은 매콤 버전도 인기 만점!

준비하기 **3인분**

필수 재료
사각어묵 ················· 3장
양파 ······················ ⅓개

아이와 함께 먹는 경우 고춧가루는 생략해도 좋아요.

양념
고춧가루 ················ 0.7
간장 ······················ 1.5
케첩 ······················· 4
올리고당 ················ 0.5
참깨 ······················ 0.3

요리하기

1 어묵은 한입 크기로 썰고, 양파도 비슷한 크기로 깍둑 썰고,

2 중간 불로 달군 팬에 식용유(1)를 둘러 양파와 어묵을 1분간 볶고,

3 양파가 반투명해지면 참깨를 제외한 **양념**을 넣고,

4 2분간 더 볶은 뒤 참깨(0.3)를 뿌려 마무리.

Part 6 달걀

이모저모 활용도가 참 높은 기특한 식재료,
늘 구매 목록 1순위를 차지하는 달걀!
밥반찬으로도, 샐러드로도, 죽으로도 만들어도
늘 기본 이상의 맛이라 식구들의 젓가락질을 독차지해요.

달걀 Egg

부드럽게 넘기는
달걀국

멸치다시마육수에 달걀물을 풀어 순하게 끓여 냈어요.
몽글몽글 익은 달걀의 넘김이 참 부드러워요. 자극적이지 않아 아이들 국으로 좋답니다.
감칠맛을 원한다면 조미김을 부숴 넣어 짭조름하게 즐겨보세요.

준비하기 **2인분**

필수 재료
달걀 ················ 2개
대파 ··········· 1대=10cm

선택 재료
소금 ············· 0.1+약간
다진 마늘 ············· 0.5
후춧가루 ············· 약간

> 멸치는 내장을 떼야 쓴맛이 나지 않아요.

육수 재료
국물용 멸치 ········· 7마리
물 ················ 4컵
다시마 ······ 1장=10x10cm

요리하기

1 냄비에 **육수 재료**를 넣고 끓어오르면 다시마를 건져 중간 불로 10분간 더 끓이고,

2 볼에 달걀과 소금(0.1)을 넣어 곱게 풀고,

3 대파는 어슷 썰고,

4 육수 속 멸치를 건져낸 뒤 다진 마늘(0.5)을 넣고,

> 달걀을 붓고 바로 저으면 탁해지니 다 익은 후에 저으세요.

5 달걀물을 둘러 부은 뒤 대파와 소금, 후춧가루를 넣어 마무리.

달걀 Egg

호불호가 없는 1등 반찬
달걀장조림

소고기 없이 달걀만으로도 충분히 맛있는 장조림을 만들 수 있어요.
채소 육수를 사용해서 은은한 단맛을 더했어요.
달걀을 으깨서 국물과 함께 밥에 비벼 먹으면 더욱 맛있어요.

준비하기 [4인분]

필수 재료
- 달걀 ········· 8개
- 마늘 ········· 15쪽

육수 재료
- 물 ········· 2컵
- 대파 푸른 부분 2대=20cm
- 양파 ········· ½개

> 마른 고추나 불린 표고버섯을 더하면 더 맛있어요.

양념
- 설탕 ········· 2
- 간장 ········· ⅓컵
- 올리고당 ········· 1.5
- 후춧가루 ········· 약간

요리하기

> 삶을 때 식초(1)와 소금(0.5)을 넣으면 껍질이 깨지는 것을 막아줘요.

1 냄비에 물(5컵)과 달걀을 넣어 끓어오르면 중간 불로 11분간 삶은 뒤 찬물에 담가 껍질을 벗기고,

2 냄비에 **육수 재료**를 넣어 끓어오르면 달걀과 설탕(2), 간장(⅓컵)을 넣어 중간 불로 끓이고,

3 끓어오르면 달걀에 색이 배도록 10분간 더 끓이고,

4 국물이 절반으로 줄어들면 마늘을 넣어 6~7분간 더 끓이고,

5 대파와 양파를 건져낸 뒤 올리고당(1.5), 후춧가루를 넣고 살짝 더 끓여 마무리.

달걀 Egg

| 찬밥으로 볶아요
중화풍달걀볶음밥

냉장고 속엔 달걀밖에 없고, 애매하게 남은 밥 한 공기만 있다면?
밥에 달걀물을 입혀 볶아보세요. 밥 한 톨마다 고소함이 완벽하게 코팅된답니다.
센 불에 재빠르게 볶아내야 밥이 고슬고슬해요.

준비하기 **1인분**

필수 재료
- 달걀·················· 2개
- 미지근한 밥············ 1공기
- 대파············ 1½대=15cm

양념
- 소금····················0.2
- 간장····················0.3
- 후춧가루················약간

> 밥이 너무 뜨거우면 달걀이 익고, 너무 차가우면 뭉쳐서 볶기 어려워요.

요리하기

> 달걀물이 밥알에 스며들 수 있도록 잠시 둬요.

1 달걀은 소금(0.2)을 넣어 곱게 푼 뒤 미지근한 밥을 섞어 5~10분간 두고,

2 대파는 송송 썰고,

3 중약 불로 달군 팬에 식용유(3)를 둘러 대파를 2분간 볶고,

4 센 불로 올려 달걀밥을 넣은 뒤 뭉치지 않도록 재빨리 볶고,

> 간장 대신 굴소스로 간을 맞춰도 ok!

5 달걀이 익고 밥이 고슬고슬해지면 간장(0.3), 후춧가루를 넣고 가볍게 섞어 마무리.

달걀 Egg

1등 집반찬
달걀말이

우리 집 단골반찬 달걀말이, 만들기 은근히 어렵죠?
은근하게 익히면 겉은 샛노랗고 속은 촉촉한 예쁜 달걀말이를 구울 수 있어요.
보들보들하게 즐기려면 치즈나 김을, 씹는 식감을 원한다면 당근이나 양파를 다져 넣어요.

준비하기 **3인분**

필수 재료
- 대파 ············· 1대=10cm
- 달걀 ············· 4~5개

> 집에 있는 자투리 채소를 더해도 좋아요!

양념
- 소금 ············· 0.2
- 후춧가루 ········· 약간
- 케첩 ············· 적당량
- 마요네즈 ········· 적당량

요리하기

1 대파는 다지고,

2 달걀을 곱게 푼 뒤 다진 대파와 소금(0.2), 후춧가루를 넣어 섞고,

3 중간 불로 달군 팬에 식용유(1.5)를 두른 뒤 달걀물(⅓분량)을 붓고,

4 가장자리가 불투명하게 익으면 5cm 두께로 접어 돌돌 말아 한쪽으로 밀고,

5 빈 공간에 남은 달걀물을 2~3번에 나눠 부어가며 같은 방법으로 말고,

> 케첩과 마요네즈를 곁들여 드세요.

6 겉면을 뒤집어가며 노릇하게 익혀 한 김 식힌 뒤 썰어 마무리.

달걀 Egg

초보자도 뚝딱
촉촉달걀덮밥

텐신항이라는 일본식 중화풍 덮밥을 따라 하기 쉽게 재해석했어요.
이름은 낯설어도 만드는 과정은 오므라이스보다 간단해요.
촉촉하게 익힌 달걀과 굴소스의 어우러짐이 최고~

준비하기 **1인분**

필수 재료
- 대파 ············· 1½대=15cm
- 달걀 ······················· 2개
- 밥 ························ 1공기

소스 재료
- 물 ························· 1컵
- 설탕 ······················· 1.5
- 녹말가루 ················ 0.7
- 간장 ························· 1
- 식초 ······················· 1.5
- 굴소스 ······················ 1

양념
- 소금 ······················ 약간
- 후춧가루 ················ 약간

요리하기

대파 일부는 장식용으로 남겨두세요.

1 대파는 송송 썰고,

2 볼에 달걀과 대파, 소금, 후춧가루를 넣어 곱게 풀고,
TIP. 크래미, 새우살, 팽이버섯 등을 더하면 더 맛있어요.

식으면 더 걸쭉해지니 원하는 농도보다 묽을 때 불을 꺼요.

끓어오르기 전에 잘 저어야 녹말가루가 뭉치지 않아요.

3 냄비에 **소스 재료**를 넣어 거품기로 저어가며 중약 불로 끓여 걸쭉해지면 불을 끄고,

4 중약 불로 달군 팬에 식용유(1)를 둘러 달걀물을 붓고 젓가락으로 살살 젓고,

5 달걀이 70% 정도 익으면 팬을 기울여 밥 위에 얹고,

6 송송 썬 대파를 얹고 소스를 부어 마무리.

달걀 Egg

매운 입 달래주는
화산달걀찜

고깃집이나 매운 닭발집에서 맛보던 스타일의 달걀찜이에요.
달걀물을 듬뿍 넣고 센 불에서 재빨리 익혀 내는 게 포인트!
소금 대신 새우젓으로 감칠맛을 더해도 좋고, 고춧가루를 살짝 얹어 매콤하게 먹어도 좋아요.

준비하기 3~4인분

필수 재료
- 대파 ············· 1대=10cm
- 달걀 ············· 5개

선택 재료
- 다시마 ········· 1장=5x5cm

양념
- 소금 ···················· 0.3
- 고춧가루 ············· 0.3
- 후춧가루 ············· 0.2

요리하기

1 대파는 송송 썰고,

다시마물을 사용하면 더 맛있어요. 번거롭다면 생략해도 OK!

2 물(½컵)에 다시마를 넣어 10분간 우리고,

많이 저을수록 잘 부풀어 올라요.

3 다시마를 건져낸 뒤 달걀을 깨 넣고 소금(0.3)으로 간해 거품기로 충분히 휘젓고,

4 뚝배기의 90% 정도로 달걀물을 부어 중간 불로 눌어붙지 않도록 저어가며 끓이고,

뚝배기를 덮을 수 있는 뚜껑이나 그릇을 미리 준비해두세요.

5 달걀이 몽글몽글하게 덩어리지고 80% 정도 익으면 약한 불로 줄여 뚜껑을 덮어 3분간 익히고,

6 뚜껑을 연 뒤 대파와 고춧가루(0.3), 후춧가루(0.2)를 뿌려 마무리.

달걀 Egg

달걀비빔밥의 고급버전
수란비빔밥

어린 시절 자주 먹던 달걀비빔밥의 업그레이드 버전이에요.
수란과 샐러드채소를 올렸을 뿐인데 훨씬 고급스러운 맛이 나요.
삼삼한 걸 좋아한다면 매콤한 양념장 대신 후리가케나 조미 김가루로 담백하게 즐겨보세요.

준비하기 1인분

필수 재료
달걀 ·················· 1개
밥 ···················· 1공기

양념
소금 ·················· 0.7
식초 ·················· 1.5
참깨 ·················· 0.3
참기름 ················ 0.7

양념장
고춧가루 ·············· 0.5
간장 ·················· 1.5
다진 마늘 ············· 0.2
다진 대파 ············· 0.5
후춧가루 ·············· 약간

요리하기

1 달걀은 볼에 깨 두고, **양념장**을 만들고,

2 냄비에 물(6컵)을 부어 끓어오르면 소금(0.7), 식초(1.5)를 넣고,

수란은 밥 대신 빵이나 샐러드 위에 얹어 먹어도 좋아요.

3 숟가락으로 휘저어 회오리를 만든 뒤 달걀을 넣고 2분간 익혀 건지고,

양념장을 조금씩 넣어가며 비벼 먹어요.

어린잎채소를 올려 아삭아삭!

4 밥 위에 수란과 참깨(0.3), 참기름(0.7)을 올리고 양념장을 곁들여 마무리.

달걀 Egg

홈메이드 찜질방 간식
맥반석달걀

찜질방에 가면 꼭 먹어줘야 하는 맥반석달걀.
이젠 집에서 만드세요.
탱글탱글한 흰자의 식감에 놀랄 거예요.

준비하기  10개 분량

필수 재료
달걀·················· 10개
양념
소금·················· 0.3

요리하기

냉장실에 보관한 차가운 달걀을 바로 사용하면 껍질이 깨지기 쉬워요.

1 달걀은 흐르는 물에 깨끗이 씻어 실온에 1~2시간 정도 꺼내두고,

2 전기밥솥에 달걀과 소금(0.3)을 넣고 달걀이 반 정도 잠기도록 물을 붓고,

3 백미 취사해 마무리.
TIP. 파는 것보다 색이 연해요. 진한 색을 원하면 보온상태로 1~2시간 정도 더 두세요.

다이어터에게 제격!
달걀마요샐러드

삶은 달걀이 지겨울 땐 샐러드로 즐겨요.
양파의 상큼함과 마요네즈의 고소함이 절묘하답니다.
하프 마요네즈를 사용하면 다이어터도 부담 없이 즐길 수 있어요.

준비하기 3인분

필수 재료
- 달걀 ···················· 5개
- 양파 ···················· 1/4개

양념
- 소금 ···················· 0.2
- 설탕 ···················· 0.3
- 마요네즈 ················ 3
- 후춧가루 ················ 약간

요리하기

삶을 때 식초와 설탕을 1숟가락씩 넣으면 달걀이 깨지는 것을 막아줘요.

완숙과 반숙 사이로 익혀야 촉촉해요.

1 냄비에 물(5컵)과 달걀을 넣어 끓어오르면 중간 불로 9분간 삶은 뒤 찬물에 담가 껍질을 벗기고,

2 양파는 곱게 다져 소금(0.2)으로 간해 10분간 절인 뒤 키친타월로 두드려 물기를 닦고,

파슬리가루를 뿌려도 좋아요.

3 삶은 달걀은 볼에 담아 포크로 굵게 으깨고, 소금을 제외한 양념과 절인 양파를 넣고 고루 섞어 마무리.

달걀 Egg

감기엔 특효약
달걀죽

달걀과 밥만 있으면 만드는 초간단 영양죽!
입이 깔깔한 날 이만한 아침밥이 없답니다.
달걀의 부드럽고 고소한 맛 덕분에 모두들 좋아해요.

준비하기 2인분

필수 재료
밥 ························ 1공기
달걀 ······················ 2개

선택 재료
달걀노른자 ················ 2개

양념
소금 ······················ 0.3
후춧가루 ·················· 약간
참깨 또는 검은깨 ········· 약간
참기름 ···················· 적당량

요리하기

끓어오르면 눌어붙지 않도록 중간 중간 저어가며 끓여요.

1 냄비에 물(3½컵)과 밥(1공기)을 넣어 중간 불로 15분간 끓이고,

2 달걀(2개)은 소금(0.3), 후춧가루를 넣어 곱게 풀고,

달걀물을 붓고 곧바로 저어야 덩어리지지 않고 부드러워요.

3 밥알이 퍼지고 농도가 걸쭉해지면 중약 불로 줄여 달걀물을 조금씩 부어가며 젓고,

4 달걀이 익으면 불을 꺼 그릇에 담고,

취향에 따라 간장을 곁들여도 좋아요.

5 달걀노른자를 얹고 참깨 또는 검은깨, 참기름을 뿌려 마무리.

Part 7 만두

한입 베어 물기 전엔 속을 알 수 없어서 더 매력적이죠?
쫄깃한 만두피 사이사이에 배어 있는 촉촉한 육즙과 꽉 찬 만두소의
조화가 일품이에요. 몇 개만 집어 먹어도 허기짐 없는 든든함까지!
국부터 간식, 야식까지 다양한 요리에 두루두루 활용해보세요.

만두 Dumpling

매직소스로 완성!
굴소스만둣국

멸치, 다시마 없어도
굴소스 한 스푼으로 진한 국물 맛이!
감칠맛 가득한 만둣국이 입맛 제대로 사로잡네요.

🧂 준비하기 1~2인분

필수 재료
대파 ················ 1대=10cm
냉동 교자만두 ············ 6개

양념
다진 마늘 ················ 0.3
굴소스 ···················· 1

🍲 요리하기

1 대파는 송송 썰고,

냉동만두는 해동하지 말고 그대로 넣으세요.

2 냄비에 물(3½컵)을 부어 끓어오르면 양념을 넣어 중간 불로 끓이고,

취향에 따라 달걀물을 부어 익히거나 고춧가루를 뿌려 드세요.

3 만두가 익어 만두피가 투명해지면 그릇에 담고 대파를 얹어 마무리.

김밥밥보다 더 간단한
만두볶음밥

국민 요리 김치볶음밥의 자리를
호시탐탐 노리는 만두볶음밥이에요.
고기만두보다 매콤한 김치만두를 넣어야 맛이 좋아요.

준비하기  1인분

필수 재료
- 냉동 김치만두 3개
- 밥 1공기

양념
- 간장 2
- 참깨 0.2
- 참기름 0.7

요리하기

> 물(⅓컵)을 담은 유리컵을 같이 넣어서 데우면 만두의 겉이 마르지 않아요.

1 만두는 전자레인지에 2분간 데워 가위로 듬성듬성 자르고,

2 중간 불로 달군 팬에 식용유(1)를 둘러 밥과 만두가 고루 섞일 때까지 볶고,

> 간장을 끓이면 감칠맛이 좋아지고 밥이 질어지지 않아요.

3 밥을 한 쪽으로 민 뒤 간장(2)을 살짝 끓여 밥과 섞고 참깨(0.2), 참기름(0.7)을 뿌려 마무리.

Part 7. 만두

만두 Dumpling

만만한 술안주
간장비빔만두

대구의 명물 납작만두 스타일로 재현했어요.
이렇게 간단해도 되나 싶을 만큼 초간단이지만 맛 보장은 제대로!

준비하기 **1인분**

필수 재료
- 냉동 납작만두 3개
- 대파 .... 1대=10cm

양념
- 간장 2
- 들기름 1
- 고춧가루 0.5

> 들기름 대신 참기름을 사용해도 OK!

요리하기

1. 끓는 물(4컵)에 만두를 4분간 삶아 건지고,

2. 대파는 굵게 다지고,

3. 간장(2), 물(1), 들기름(1)을 섞고,

4. 만두 위에 간장양념, 고춧가루(0.5), 대파를 뿌려 마무리.

만두 Dumpling

초간단 중화 요리
고추기름만두

비빔만두, 군만두는 너무 식상하죠?
전자레인지로 만든 고추기름 양념장을 촉촉한 물만두에 곁들여보세요.
양념장을 끼얹기만 하면 되니 만들기도 쉬워요.

준비하기 2인분

필수 재료
냉동 물만두······ 3컵=21개

양념장
고춧가루·············· 1
다진 마늘············ 0.5
다진 대파············ 1
식용유·················· 4
설탕····················· 0.3
식초····················· 1
간장····················· 1.5

요리하기

1 내열 용기에 고춧가루(1), 다진 채소, 식용유(4)를 섞고,

> 한 번에 돌리면 양념이 타요.

2 랩을 씌운 뒤 구멍을 2~3개 뚫어 전자레인지에 30초, 다시 20초 돌리고,

3 고추기름은 한 김 식힌 뒤 설탕(0.3), 식초(1), 간장(1.5)을 섞어 **양념장**을 만들고,

4 끓는 물(4컵)에 물만두를 넣어 3분간 삶아 건지고,

> 양념장은 취향에 맞게 조절해요.

5 그릇에 삶은 만두를 담은 뒤 양념장을 끼얹어 마무리.

만두 Dumpling

아이들이 더 좋아해요
만두강정

학교 앞 분식집 메뉴를 엄마 손맛 더해 만들었어요.
새콤달콤한 강정소스에 편식하는 아이도 엄지 척!
깨끗한 기름에 바삭하게 구워내서 안심하고 먹일 수 있어요.

준비하기 **2인분**

필수 재료
냉동 교자만두·········· 10개

선택 재료
대파 ················· ½대=5cm

강정 소스
다진 마늘 ················ 0.5
고추장 ····················· 0.5
케찹 ························· 2
물 ···························· 1
물엿 ························· 1

요리하기

1 대파는 반을 갈라 넓게 펼친 뒤 채 썰고,

2 팬에 식용유를 자작하게 둘러 만두를 노릇하게 구워 꺼내고,

3 키친타월로 팬을 닦아낸 뒤 강정 소스를 부어 끓이고,

4 끓어오르면 중약 불에서 1분간 더 끓인 뒤 구운 만두 위에 붓고 대파채를 올려 마무리.

만두 Dumpling

골뱅이 대타
만두대파무침

골뱅이 데치고, 소면 삶고… 은근 손 많이 가는 골뱅이무침.
골뱅이 대신 속이 꽉 찬 만두로 무쳐보세요.
아삭한 대파가 상큼한 뒷마무리를 톡톡히 하네요.

준비하기 2인분

필수 재료
- 냉동 납작만두·········· 10개
- 대파 ············· 3대=30cm

양념장
- 설탕 ························· 0.5
- 식초 ························· 1.5
- 물 ··························· 1
- 고추장 ······················ 1
- 참깨 ························· 0.2
- 참기름 ······················ 0.7

요리하기

1 중간 불로 달군 팬에 식용유를 자작하게 둘러 납작만두를 노릇하게 구워 꺼내고,

2 대파는 반 갈라 길이를 3등분으로 말아 접은 뒤 곱게 채 썰고,

찬물에 헹구면 매운맛이 빠지고 아삭해져요.

3 찬물에 헹궈 물기를 빼고,

4 구운 만두에 대파채를 얹고 **양념장**을 뿌려 마무리.

만두 Dumpling

송이송이 만두송이
눈꽃만두

라멘집에서 보던 눈꽃만두를 집에서!
밀가루만 있으면 전문가급 조리 스킬도 필요 없어요.
만두는 촉촉, 날개는 바삭~ 비주얼도 만점!

준비하기 1~2인분

필수 재료
밀가루 ·················· 0.5
냉동 교자만두 ········· 6개

양념장
소금 ··················· 약간

요리하기

1 밀가루에 소금, 물(⅓컵)을 넣어 섞고,

2 중간 불로 달군 팬에 식용유를 자작하게 둘러 만두의 납작한 면이 바닥으로 가도록 얹고,

3 밀가루물을 빈 공간이 없도록 고루 부어 뚜껑을 덮어 센 불로 4분간 끓이고,

4 뚜껑을 열고 약한 불로 2분정도 바삭해질 때까지 구워 마무리.

만두 Dumpling

새콤한 소스 맛이 일품
깐풍만두

마늘, 대파 풍미 휘감은 만두에 새콤한 소스를 입혀 버무려요.
손님상에 손색없을 비주얼 깡패랍니다.
마늘 향을 더욱 강하게 내고 싶다면 납작 써는 대신 굵게 다져 넣으세요.

준비하기 2인분

필수 재료
- 마늘 ·············· 3쪽
- 양파 ·············· ¼개
- 대파 ·············· 2대=20cm
- 냉동 교자만두 ······ 8개

양념
- 고춧가루 ··········· 0.3
- 설탕 ·············· 0.5
- 간장 ·············· 2
- 식초 ·············· 2

요리하기

1 마늘은 납작 썰고, 양파와 대파는 굵게 다지고,

단단한 느낌이 들 정도로 바삭하게 굽는 것이 포인트!

2 중간 불로 달군 팬에 식용유를 자작하게 둘러 만두를 노릇하게 구워 꺼내고,

3 팬에 남은 식용유에 고춧가루(0.3), 마늘, 양파, 대파를 넣어 볶고,

4 양파가 반투명해지면 설탕(0.5), 간장(2), 식초(2), 물(1)을 넣고 끓어오르면 만두를 섞어 마무리.

만두 Dumpling

술 한잔에 딱!
크림마요 군만두

부드럽고 고소한 소스 맛에 짭짤한 군만두의 향연♥
와인 한잔에, 맥주 한 캔에~
술안주로 추천해요.

준비하기 **2인분**

필수 재료
냉동 사각 만두·········· 8개

크림소스
설탕 ···················· 0.3
식초 ···················· 1
다진 마늘 ··············· 0.3
마요네즈 ················ 3

연유나 물엿을 넣어도 좋아요.

요리하기

1 중간 불로 달군 팬에 식용유를 자작하게 둘러 만두를 앞뒤로 노릇하게 굽고,

2 크림소스를 만들고,

어린잎채소나 양배추채, 방울토마토를 곁들이세요.

3 구운 만두 위에 크림소스를 얹어 마무리.
TIP. 납작 썬 마늘을 튀기거나 견과류를 뿌리면 맛이 더 풍부해져요.

허니버터칩을 잇는
허니버터만두

달달한 허니버터와 짭조름한 만두가 만난 진정한 단짠!
솔솔 올라오는 마늘 향에
물릴 줄 모르고 계속 먹게 돼요.

준비하기  2인분

필수 재료
냉동 교자만두............ 8개

양념
버터........................... 2
다진 마늘................... 1
올리고당.................... 3

요리하기

1 중간 불로 달군 팬에 식용유를 자작하게 둘러 만두를 노릇하게 구워 꺼내고,

2 키친타월로 팬을 닦아낸 뒤 버터(2)를 녹여 다진 마늘(1), 올리고당(3)을 볶고,

3 마늘향이 올라오면 만두를 넣고 버무려 마무리.

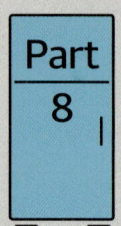

Part 8

참치

찬장에 두 세 개쯤은 꼭 자리 잡고 있는 식재료죠?
냉장고가 텅텅 비었대도 참치 캔 하나로 만들 수 있는 요리는 수십 가지랍니다.
김치찌개 끓일 때, 볶음밥, 주먹밥 만들 때엔 필수 지참!
허전했던 밥상이 참치 하나로 꽉 채워지네요.

참치 | Tuna

만능 비빔밥 소스
참치약고추장

소고기 약고추장만큼이나 부드럽고 고소해요.
참치를 넣어 보들보들하니 목 넘김도 좋고요.
이거 하나 맨밥에 비비기만 해도 다른 반찬이 필요 없어요.

준비하기 4인분

필수 재료
- 양파 ······················· ½개
- 통조림 참치 ······· 중간 것 1캔=150g

양념
- 다진 마늘 ···················· 1
- 고추장 ······················· 4
- 맛술 ························· 2
- 올리고당 ····················· 2
- 참기름 ······················ 0.5
- 참깨 ······················ 약간

> 맛술 대신 청주나 소주를 넣어도 OK!

요리하기

1 양파는 다지고,

> 참치기름은 버리지 마세요.

2 참치는 체에 밭치고,

3 중간 불로 달군 냄비에 참치기름을 둘러 양파와 다진 마늘(1)을 2분간 볶고,

4 고추장(4)과 참치를 넣어 눌어붙지 않도록 저어가며 3분간 더 볶고,

> 밥 위에 달걀프라이, 채소와 함께 얹어 비빔밥으로 드세요.

> 식으면 밀폐용기에 담아요. 냉장고에서 3~4일간 보관이 가능해요.

5 맛술(2), 올리고당(2)을 넣고 조금 더 볶아 농도가 되직해지면 참기름(0.5), 참깨를 넣어 마무리.

참치 | Tuna

최고의 간단찌개
참치양파찌개

큼직한 참치 건더기가 듬뿍~ 양파를 넣어 달달한 국물 맛은 또 어떻고요.
고춧가루를 넣어 뒷맛이 칼칼하고 깔끔하답니다.
고추장 한두 스푼을 추가해서 걸쭉하게 끓여도 별미지요.

준비하기 2인분

필수 재료
- 양파·····················⅔개
- 대파··············2대=20cm
- 통조림 참치·······큰 것 1캔=200g

육수 재료
- 국물용 멸치···········6마리
- 다시마·······1장=10×10cm
- 물·····················4컵

양념장
- 설탕·····················0.2
- 고춧가루···················2
- 간장·····················1.5
- 다진 마늘················0.7
- 후춧가루················약간

요리하기

1 냄비에 **육수 재료**를 넣어 끓어오르면 다시마를 건진 뒤 10분간 더 끓여 멸치도 건져내고,

2 양파는 채 썰고, 대파는 어슷 썰고,

참치는 기름까지 함께 넣어요.

3 냄비에 양파 → 참치 → **양념장** 순으로 넣은 뒤 육수(3½컵)를 붓고,

청양고추(2개)를 송송 썰어 넣으면 더 칼칼해요.

4 중간 불로 10분간 끓인 뒤 대파를 넣고 조금 더 끓여 마무리.

참치 | Tuna

부드러운 영양 덩어리
참치죽

밥 한 공기로 끓이는 초간단 죽이에요.
어느 집에나 뒹굴고 있는 통조림 참치로 건더기를 풍성하게~
애매하게 남은 찬밥으로 한 끼 든든하게 해결하기 좋아요.

준비하기 **2인분**

필수 재료
통조림 참치 ······· 중간 것 1캔=150g
양파 ···················· ¼개
밥 ······················· 1공기

양념
참기름 ···················· 1
소금 ······················ 약간
부순 참깨 ················ 1

요리하기

1 참치는 가볍게 물기를 빼고, 양파는 다지고,

2 중간 불로 달군 팬에 참기름(1)을 둘러 양파를 1분간 볶고,

3 밥을 넣어 1분간 더 볶은 뒤 물(2컵)을 부어 저어가며 끓이고,

4 되직해지면 물(2컵)을 2~3번에 나눠 부어가며 밥알이 완전히 퍼지도록 끓이고,

5 원하는 농도보다 살짝 묽을 때 참치를 넣고 가볍게 끓이고,

> 소금 대신 국간장이나 양조간장으로 간해도 좋아요. 먹기 직전에 간을 맞춰야 죽이 삭지 않아요.

6 그릇에 담아 소금으로 간한 뒤 부순 참깨(1)를 얹어 마무리.

참치 | Tuna

쫀득쫀득 매콤해
참치장떡

고추장과 된장으로 간해 부치는 장떡은 느끼함이 적어서 좋아요.
참치 한 캔으로 속을 꽉 채워 담백하게 구워보세요.
고소하고 쫀득한 모차렐라 치즈와도 잘 어울려요.

준비하기 2~3인분

필수 재료
통조림 참치 ······ 큰 것 1캔=200g
양파 ························ ¼개
대파 ············ 1대=10cm
밀가루 ··················· 1½컵

양념
고추장 ························· 2
된장 ·························· 0.3
다진 마늘 ················· 0.3

요리하기

1 참치는 가볍게 기름기를 빼고,

취향에 따라 고추, 깻잎, 애호박 등을 더해도 좋아요.

2 양파와 대파는 다지고,

3 볼에 밀가루와 **양념**을 넣은 뒤 물(1¼컵)을 조금씩 부어가며 덩어리지지 않게 섞고,

4 손질한 재료를 넣어 한 번 더 섞고,

5 중간 불로 달군 팬에 식용유(3)를 둘러 반죽을 원하는 크기로 올리고,

송송 썬 고추로 장식하거나 슈레드 모차렐라치즈를 얹어도 좋아요.

6 가장자리가 노릇하게 익으면 뒤집어 조금 더 익혀 마무리.

참치 I Tuna

바쁜 아침 해결사
참치마요깨주먹밥

온 가족이 바쁜 아침엔 뚝딱 만드는 주먹밥이 해답이죠?
냉장고 속 뒹구는 참치는 마요네즈로 버무려 준비하고,
깨 위에 휘휘 둥글리면 고소함이 입안 가득~

준비하기 2~3인분

필수 재료
- 통조림 참치········중간 것 1캔=150g
- 뜨거운 밥················2공기
- 참깨························3
- 검은깨······················3

양념
- 소금························0.1
- 마요네즈····················2
- 참기름······················0.7
- 후춧가루··················약간

요리하기

1 참치는 체에 밭쳐 기름기를 빼고,

2 밥에 참치와 양념을 섞고,

3 먹기 좋게 한입 크기로 뭉치고,

깨 대신 김가루를 입혀도 좋아요

4 참깨와 검은깨를 섞은 뒤 주먹밥을 굴려 마무리.

참치 | Tuna

마늘 향은 덤
참치통마늘볶음

아낌없이 듬뿍 넣은 참치에 녹진한 통마늘로 풍미를 더했어요.
이대로 먹어도 맛있고, 냉장 보관했다가 밥만 넣어 후다닥 볶아먹으면 딱 좋아요.

준비하기 2~3인분

필수 재료
- 양파 ············ 1/4개
- 마늘 ············ 8쪽
- 통조림 참치 ······ 중간 것 1캔=150g

양념
- 설탕 ············ 0.3
- 고춧가루 ········· 0.3
- 간장 ············ 0.7
- 후춧가루 ········· 약간

요리하기

1 양파는 사방 1.5cm로 깍둑 썰고, 마늘은 꼭지를 떼고,

2 중간 불로 달군 팬에 식용유(2)를 둘러 마늘을 볶고,

3 노릇하게 익으면 양파를 넣어 1분간 볶고,

4 통조림 참치는 기름까지 함께 넣은 뒤 양념으로 간해 2분간 더 볶아 마무리.

참치 | Tuna

밥 두 공기 예약~
참치쌈장

맛있는 쌈장 하나 열 반찬 안 부럽다!
평소 버리던 참치기름까지 탈탈 털어 넣어 뭉근하게 끓였어요.
시판 쌈장보다 짜지 않고 삼삼하니 좋네요. 아삭한 쌈채소를 곁들여 쌈밥으로도 즐겨보세요.

준비하기 4인분

필수 재료
- 양파 ·················· ½개
- 대파 ············· 2대=20cm
- 통조림 참치 ······ 중간 것 1캔=150g

양념
- 다진 마늘 ·················· 1
- 고춧가루 ·················· 1
- 된장 ·························· 1.5
- 고추장 ······················ 1
- 물엿 ·························· 1
- 참기름 ···················· 0.7

요리하기

1 양파와 대파는 굵게 다지고,

2 중간 불로 달군 냄비에 참치 기름을 둘러 양파와 대파, 다진 마늘(1)을 볶고,

3 양파가 반투명해지면 고춧가루(1), 된장(1.5), 고추장(1)을 넣어 2분간 더 볶고,

4 물(1½컵)을 부어 자작해질 때까지 7~8분간 끓이고,

5 통조림 참치와 물엿(1), 참기름(0.7)을 넣고 조금 더 끓여 마무리.

> 매콤하게 먹고 싶다면 송송 썬 청양고추(1~2개)를 넣으세요.

참치 | Tuna

게으른 주말 브런치
칠리참치덮밥

나른한 주말 오후, 참치 캔 하나로 뚝딱 만드는 덮밥은 어떤가요?
한 그릇 요리라 설거지도 초간단!
냉장고 속 양념만으로 재현한 칠리소스가 맛을 꽉 잡아줘요.

준비하기 `1인분`

필수 재료
- 대파 ·············· 1대=10cm
- 양파 ·············· ½개
- 마늘 ·············· 3쪽
- 통조림 참치 ······ 작은 것 1캔=100g
- 밥 ·············· 1공기

양념
- 고춧가루 ············ 1
- 참깨 또는 검은깨 ······ 약간

양념장
- 물 ················ ½컵
- 설탕 ·············· 0.5
- 케첩 ·············· 2
- 굴소스 ············ 0.5
- 고추장 ············ 1
- 참기름 ············ 0.3
- 후춧가루 ·········· 약간

요리하기

1 양념장을 만들고,

2 대파는 1cm 두께로 송송 썰고, 양파는 한입 크기로 깍둑 썰고, 마늘은 납작 썰고,

3 중간 불로 달군 팬에 식용유(2)를 둘러 손질한 채소와 고춧가루(1)를 2분간 볶고,

참치기름까지 전부 넣어요.

4 양념장을 부어 끓어오르면 참치를 넣고 국물이 자작해질 때까지 끓이고,

5 밥 위에 올린 뒤 참깨 또는 검은깨를 뿌려 마무리.

참치 | Tuna

일석이조 밑반찬
참치볼

손이 많이 가는 미트볼은 자주 해먹기 어려운 메뉴 중 하나죠.
통조림 참치 한 캔과 자투리 채소만 있다면 절반은 완성!
참치를 사용해서 속까지 익힐 필요도 없으니 겉만 노릇하게 구워 마무리하세요.

준비하기 2~3인분

필수 재료
- 양파 ½개
- 대파 2대=20cm
- 다진 마늘 1
- 통조림 참치 큰것 1캔=200g

양념
- 밀가루 3
- 소금 0.2
- 후춧가루 0.1

소스 재료
- 설탕 2
- 간장 1
- 케첩 2
- 식초 0.5
- 물 4

요리하기

1 양파와 대파는 곱게 다지고,

2 센 불로 달군 팬에 식용유(2)를 둘러 양파, 대파, 다진 마늘(1)을 넣어 2분간 볶고,

덜어낸 채소는 미트볼에 넣어요.

3 볶은 채소(½분량)는 덜어낸 뒤 **소스 재료**를 넣어 걸쭉해질 때까지 끓이고,
TIP. 소스에 버터(1조각)를 넣으면 고소해요.

4 참치는 기름기를 뺀 뒤 덜어낸 채소(½분량), 물(1), **양념**을 넣어 치대고,

5 한입 크기로 뭉친 뒤

6 중간 불로 달군 팬에 식용유를 자작하게 둘러 굴려가며 노릇하게 굽고, 소스를 붓고 가볍게 버무려 마무리.

참치 | Tuna

야들하게 볶아낸
매콤참치볶음국수

평범한 비빔국수와는 비교가 안 되는 볶음국수예요.
고소한 참치 기름에 소면을 한 번 더 볶아내면 면발이 부드러워요.
버터 한 조각을 넣어주면 파스타 느낌이 물씬 나요.

준비하기 2인분

필수 재료
- 양파 ············· 1/4개
- 김치 ············· 1/6포기
- 소면 ············· 2줌=200g
- 통조림 참치 ······ 중간것 1캔=150g

선택 재료
- 대파 ············· 1대

양념장
- 설탕 ············· 0.2
- 고춧가루 ·········· 1
- 간장 ············· 1
- 참기름 ············ 1
- 후춧가루 ·········· 약간
- 참깨 ············· 약간

요리하기

1 양파는 채 썰고,
  김치는 한입 크기로 썰고,
  대파는 송송 썰고,

2 끓는 물(6컵)에 소면을 넣어 3분간
  삶아 건진 뒤 찬물에 여러 번 비벼 씻어
  체에 밭치고,

3 중간 불로 달군 팬에 참치기름을 부은 뒤
  양파와 김치를 넣어 4분간 볶고,

4 참치와 양념장을 넣어 30초간 더 볶아
  불을 끈 뒤 소면을 넣어 가볍게 섞고,

5 그릇에 담은 뒤 대파를 뿌려 마무리.

> 버터(1조각)를 넣으면 더 맛있어요.
> 무순이나 쪽파로 장식하거나
> 달걀프라이를 곁들여도 좋아요.

Part 9

오징어

탱글탱글 쫄깃한 식감을 자랑하는 오징어는
여러모로 활용도가 높은 식재료예요.
오징어 한 마리로 국부터 밑반찬까지 한상 거뜬히
차릴 수 있답니다.
내장은 깨끗하게 손질한 뒤 용도별로 잘라서
냉동 보관해두면 좋아요.

오징어 Squid

젓가락질 부르는
오징어초무침

입맛 돋우기 1등인 새콤달콤한 초고추장에 오징어를 무쳐냈어요.
오이, 미나리를 추가해서 아삭하게 즐기거나, 양념장을 넉넉히 만들어 소면과 함께 곁들여도 좋아요.

준비하기 2인분

필수 재료
손질 오징어 ············ 1마리

TIP
취향에 따라 오이나 미나리를 함께 무쳐도 좋아요.

양념
소금 ······················ 0.3
참깨 ······················ 0.3

양념장
고춧가루 ················ 0.5
식초 ······················· 2
다진 마늘 ··············· 0.3
올리고당 ················· 1
고추장 ··················· 1.5

요리하기

1. 양념장을 만들고,

양념장을 숙성시키면 맛이 더욱 좋아져요.

2. 오징어 몸통은 안쪽에 격자무늬로 칼집을 넣어 가로로 3등분한 뒤 한입 크기로 썰고,

다리도 비슷한 길이로 썰어요.

3. 끓는 소금물(물4컵+소금0.3)에 오징어를 넣어 2분간 데쳐 건지고,

4. 데친 오징어에 양념장을 넣고 버무려 그릇에 담은 뒤 참깨(0.3)를 뿌려 마무리.

부족한 간은 소금으로 맞춰요.

오징어 Squid

입맛 당기는 마성의 매력
파기름 오징어볶음

반찬이 필요 없는 한 그릇 요리예요.
파기름에 볶으면 풍미를 물론이고, 오징어 특유의 감칠맛이 잘 우러나요.
센 불에 재빠르게 볶아야 오징어를 아들아들 부드럽게 즐길 수 있어요.

준비하기 2인분

필수 재료
- 대파 .... 1대=10cm
- 양파 .... ½개
- 손질 오징어 1마리

양념장
- 고춧가루 2
- 물 2
- 간장 1.5
- 고추장 2
- 물엿 1
- 참기름 0.5

요리하기

1 양념장을 만들고,

2 대파는 송송 썰고, 양파는 굵게 채 썰고,

3 오징어 몸통은 안쪽에 격자무늬로 칼집을 넣어 길게 2등분한 뒤 먹기 좋게 썰고, 다리도 비슷한 길이로 썰고,

4 중약 불로 달군 팬에 식용유(2)를 둘러 대파를 넣어 2분간 볶아 향을 내고,

5 센 불로 올려 손질한 재료와 양념장을 넣고 3분간 더 볶아 마무리.

오징어 Squid

담백하고 시원한 맛
맑은 오징어국

과음한 다음날, 국물만 떠먹어도 속이 확 풀려요.
오징어에 풍부한 타우린이 피로와 숙취 해소에 탁월하거든요.
오징어는 오래 끓이면 질겨지니 제일 마지막에 넣어요.

준비하기 **2인분**

필수 재료
양파 ·························· 1/4개
대파 ············· 1대=10cm
손질 오징어 ············ 1마리

육수 재료
다시마 ······· 1장=10x10cm

양념
소금 ························· 0.3

요리하기

1 양파는 채 썰고, 대파는 어슷 썰고,

2 오징어는 길게 2등분하여 먹기 좋게 썰고, 다리도 같은 길이로 썰고,

3 냄비에 물(4컵)과 다시마를 넣어 끓어오르면 다시마는 건지고,

4 양파를 넣어 반투명해지면 오징어를 넣어 3분간 끓이고,

부족한 간은 소금이나 국간장으로 맞춰요.

5 소금(0.3)으로 간한 뒤 대파를 넣고 가볍게 끓여 마무리.

오징어 Squid

두고두고 먹는 밑반찬
오징어간장조림

소고기 장조림을 능가하는 깊은 맛! 오징어의 시원함이 양념에 제대로 우러나왔어요.
흰 밥에 탱탱한 오징어살과 장조림 국물 한 숟가락이면 말이 필요 없죠?

준비하기 [2인분]

필수 재료
손질 오징어············1마리

> 손질한 오징어는 배를 가르지 않고 사용해요.

양념
소금·····················0.3

양념장
설탕·····················0.7
간장······················ 3
올리고당················ 1

요리하기

1 오징어 몸통은 링 모양으로 얇게 썰고, 다리는 3등분하고,

2 끓는 소금물(물3컵+소금0.3)에 오징어를 넣어 10초간 데치고,

3 팬에 양념장을 넣어 끓이고,

> 간이 배도록 뒤적이며 조려요.

4 끓어오르면 오징어를 넣고 물기가 없어질 때까지 조려 마무리.

오징어 Squid

탱글탱글 씹히는 맥주 안주
버터구이 통오징어

버터를 발라가며 구워 윤기가 자르르 흐르는 통오징어예요.
알싸하게 퍼지는 마늘향도 잘 어우러지고요. 손으로 쭉쭉 찢어 손가락에 묻은 양념까지 쪽쪽~
야금야금 먹는 재미에 술이 술술 들어가네요.

준비하기 2~3인분

필수 재료
손질 오징어 ………… 1마리

양념
버터 ………………… 2.5
다진 마늘 …………… 0.5
소금 ………………… 0.1
후춧가루 …………… 0.1

요리하기

1. 오징어 몸통은 양옆에 1cm 간격으로 깊게 가위집을 내고,

2. 중약 불로 달군 팬에 버터(2.5), 다진 마늘(0.5)을 넣고,

3. 버터가 녹으면 몸통과 다리를 넣어 버터를 끼얹어가며 3~4분간 익히고,

4. 오징어가 붉게 변하면 소금(0.1), 후춧가루(0.1)로 간해 마무리.

오징어 Squid

양념이 제대로 밴
촉촉오징어덮밥

오징어와 파밖에 없어도 괜찮아요. 한 마리를 통째로 넣어 푸짐하게 올리면 되니까요.
따뜻한 밥 없어도 OK!
자작한 양념이 스며들어 찬밥도 촉촉해지거든요.

준비하기 2인분

필수 재료
- 대파 ················ 1대=10cm
- 손질 오징어 ·········· 1마리
- 밥 ···················· 2공기

양념
- 설탕 ······················ 0.3
- 굴소스 ···················· 1.5
- 참기름 ···················· 0.3

요리하기

1 대파는 송송 썰고, 오징어 몸통은 사방 2cm로 썰고, 다리는 좀 더 길게 썰고,

2 중간 불로 달군 팬에 식용유(1)를 둘러 대파를 1분간 볶고,

3 오징어, 설탕(0.3), 굴소스(1.5)를 넣어 3분간 볶아 오징어 색이 변하면 물(⅓컵)을 붓고,

4 그릇에 밥을 담고 오징어볶음을 얹은 뒤 참기름(0.3)과 대파를 뿌려 마무리.

오징어 Squid

바삭바삭 말이 필요 없어요
오징어튀김

튀김 요리는 다 맛있지만 뭐니 뭐니 해도 오징어튀김이 제일 아니겠어요?
가려진 튀김옷 사이로 숨겨진 오징어의 뽀얀 속살.
간장보단 소금에 찍어 먹어야 더 잘 어울린다는 사실!

준비하기 2인분

필수 재료
오징어·················· 1마리
밀가루·················· 1컵

양념
소금···················· 0.3

카레소금
소금···················· 1
카레가루··············· 0.7

> 손질한 오징어는 배를 가르지 않고 사용해요.

요리하기

1 오징어 몸통은 링 모양으로 썰고, 다리는 먹기 좋게 등분하고,

> 찬물로 반죽해야 튀김옷이 더 바삭해요. 얼음물을 사용하면 더 좋아요.

2 **양념**, 밀가루(⅔컵), 찬물(1컵)을 섞어 튀김옷을 만들고,

> 밀가루를 먼저 입혀야 튀김옷이 잘 묻어요.

3 오징어는 밀가루(⅓컵) → 튀김옷 순으로 고루 묻히고,

> 나무젓가락을 담가 2~3초 후에 기포가 올라오면 알맞은 온도예요.

4 170℃로 예열한 식용유(3컵)에 노릇하게 튀겨 **카레소금**을 곁들여 마무리.
TIP. 밝은 갈색이 돌 때까지 튀긴 후 잠시 건졌다가 한번 더 튀기면 더 바삭해요.

오징어 Squid

완뽕 예약!
오징어짬뽕

동명의 라면보다 더 건강하고 시원한 그 맛! 양파를 넣어 은은한 단맛도 더했답니다.
냉동실에 있는 자투리 해물을 모조리 털어 넣어 푸짐하게 즐겨보세요.
속풀이 해장국으로도, 밥을 말아도 좋으니 취향대로 골라 드세요.

준비하기 2인분

필수 재료
- 대파 ················ 1대=10cm
- 마늘 ···················· 2쪽
- 양파 ···················· ½개
- 손질 오징어 ············ 1마리

취향에 따라 양배추, 목이버섯 등을 더해도 좋아요.

양념
- 고춧가루 ················· 2
- 국간장 ··················· 1
- 굴소스 ··················· 1

매운 맛을 원한다면 청양고춧가루로!

요리하기

1 대파는 2등분해 굵게 채 썰고, 마늘과 양파도 채 썰고, 오징어의 몸통과 다리는 먹기 좋은 길이로 썰고,

쉽게 타니 주의하세요.

2 센 불로 달군 냄비에 식용유(3)를 둘러 고춧가루(2), 대파, 마늘을 넣어 10초간 볶고,

3 중간 불로 줄여 양파와 오징어를 넣어 볶다가 양파가 반투명해지면 물(4컵)을 부어 5분간 끓이고,

굴소스가 없을 땐 국간장(1.5)을 넣고 부족한 간은 소금으로 맞춰요.

4 국간장(1)과 굴소스(1)로 간해 마무리.

오징어 Squid

환상의 짝꿍
오징어대파전

파전에 오징어가 빠지면 섭섭하죠?
메인 재료인 파와 오징어 두 개만 넣었는데도 풍성한 해물파전 못지않네요.
기름을 넉넉히 둘러 노릇하고 바삭하게 구워 드세요.

준비하기 1인분

필수 재료
- 대파 .... 2대=20cm
- 양파 .... ⅓개
- 손질 오징어 .... ⅓마리

반죽
- 소금 0.2
- 밀가루 1컵
- 찬물 1컵

> 밀가루 대신 부침가루를 사용하거나 녹말가루를 절반씩 섞어 사용하면 더욱 바삭해요.

요리하기

1 대파는 길게 4등분하고, 양파는 채 썰고, 오징어는 양파와 비슷한 길이로 썰고,

2 반죽을 덩어리 없이 고루 섞고,

3 중간 불로 달군 팬에 식용유를 넉넉히 둘러 반죽(⅔분량)을 올리고,

> 달걀(1개)을 곱게 풀어 둘러 부으면 맛과 색이 더 좋아져요.

4 반죽이 익기 전에 오징어 → 손질한 채소 → 나머지 반죽(⅓분량) 순으로 얹고,

> 가장자리에 식용유를 둘러가며 구워요.

5 가장자리가 노릇하게 익으면 뒤집어 3~4분간 더 구워 마무리.

밥 한 공기 추가요~
오징어강된장

물기 없이 바글바글 졸여 상추, 배추, 갖가지 채소에 싸먹어요.
잘게 다져 입에서 톡톡 씹히는 오징어가 포인트!
오징어의 비릿한 향을 된장이 꽉 잡아줘요.

오징어 Squid

준비하기 **1**인분 4끼 분량

필수 재료
- 양파 ···················· ½개
- 대파 ············ 1대=10cm
- 손질 오징어 ············ 1마리

양념
- 고춧가루 ···················· 1
- 된장 ···························· 3
- 다진 마늘 ················ 0.5
- 올리고당 ················· 1.5
- 참기름 ······················ 0.5

요리하기

취향에 따라 버섯, 고추를 굵게 다져 더해도 좋아요.

1 양파와 대파는 굵게 다지고, 오징어는 작게 깍둑 썰고,

2 냄비에 식용유(1)를 둘러 손질한 재료를 넣어 오징어가 하얗게 변할 때까지 중간 불로 볶고,

3 고춧가루(1)와 된장(3)을 넣어 2분간 볶고,

4 물(1컵)을 부어 물기가 자작해질 때까지 끓이고,

5 다진 마늘(0.5)과 올리고당(1.5), 참기름(0.5)을 넣고 1분간 더 끓여 마무리.

Part 10

닭

다이어트용으로 방치해 둔
얼린 닭가슴살이나 안심살 하나쯤은 있으시죠?
이제 그냥 데쳐 퍽퍽하게 먹지 말고, 다양한 요리로 즐겨보세요.
국물 요리, 밑반찬, 별미 요리까지 닭의 무한변신 레시피를
알려드릴게요.

닭 Chicken

자취생 버전 보양식
닭다리백숙

해마다 돌아오는 복날, 혼자 사는 혼밥러들에게 강력추천해요.
닭다리만 사용해 조리시간은 절반으로 줄였지만 진한 국물 맛은 닭 한 마리 못지않아요.
쫄깃쫄깃한 닭다리 실컷 뜯고 마무리는 죽으로~

준비하기 2인분

필수 재료
닭다리 ·················· 4개

닭 삶는 재료
마늘 ························ 5쪽
양파 ························ ½개
대파 푸른 부분·· 2대=20cm

양념소금
소금 ···················· 0.5
후춧가루 ············· 0.2
참깨 ···················· 0.1

요리하기

1 냄비에 물(8컵), 닭다리와 닭 삶는 재료를 넣어 중간 불로 끓이고,

2 끓어오르면 중간 불로 줄인 뒤 뚜껑을 반쯤 덮어 30분간 더 끓이고,

3 닭 삶는 재료를 건져낸 뒤 그릇에 담고 양념소금을 곁들여 마무리.

---

plus recipe

삼계죽 2인분

필수 재료
찹쌀 ························ ½컵
TIP. 찹쌀 대신 밥(1공기)을 넣어도 좋아요.
자투리채소 ············· ½컵
닭다리백숙 국물 ········ 3컵
소금 ······················· 약간

> 자투리채소는 당근과 애호박을 사용했어요. 생략해도 좋아요.

1 찹쌀은 가볍게 씻어 잠길 정도의 찬물에 담가 30분간 불리고,

2 자투리채소는 다지고,

> 남은 닭고기를 찢어 넣어도 좋아요.

3 냄비에 닭다리백숙 국물(3컵), 물(2컵), 찹쌀, 다진 채소를 넣어 중간 불로 저어가며 끓이고,

4 쌀알이 퍼지고 투명해지면 소금으로 간해 마무리.

닭 Chicken

의외로 만들기 간단한
대파닭개장

닭가슴살로 끓여낸 닭개장은 기름기가 적어 담백하게 먹기 좋아요.
대파를 넣으면 달큰한 맛을 더할 수 있고요.
집에 숙주, 고사리가 있다면 추가하거나 무쳐놓은 나물을 넣어도 좋아요.

준비하기 2~3인분

필수 재료
- 대파 ············ 3대=30cm
- 닭가슴살 ········ 2쪽=260g
- 다시마 ········ 1장=10×10cm

양념장

> 밀가루를 살짝 넣으면 좀 더 걸쭉한 느낌이 나요. 생략해도 좋아요.

- 밀가루 ················ 0.5
- 고춧가루 ··············· 1.5
- 간장 ··················· 1
- 다진 마늘 ·············· 0.7
- 후춧가루 ··············· 0.2
- 고추장 ················· 1
- 참기름 ················· 0.5

요리하기

1 대파는 길게 2등분해 5cm 길이로 썰고,

2 냄비에 물(7컵)과 닭가슴살, 다시마를 넣어 끓어오르면 다시마를 건진 뒤 15분간 더 끓이고,

> 살짝 데쳐내면 오래 끓여도 식감이 살아 있어요.

3 중약 불로 줄인 뒤 대파를 넣어 10초간 데쳐 건지고,

4 닭가슴살을 건져내 굵게 찢은 뒤 데친 대파와 **양념장**을 넣어 버무리고,

> 부족한 간은 소금으로 맞춰요. 달걀(1개)을 곱게 풀어 둘러 부어도 좋아요.

5 끓는 육수에 양념한 재료를 넣어 중간 불로 10분간 더 끓여 마무리.

닭 Chicken

촉촉하게~ 원 플레이트
데리야키닭고기덮밥

소스를 발라 굽는 번거로운 과정을 줄여 양념장에 조렸어요.
야들한 닭다리살 사이로 달콤한 양념이 제대로 배었답니다.
밥 위에 자작하게 조린 소스를 뿌려 촉촉하게 비벼 드세요.

준비하기 **1인분**

필수 재료
- 닭다리살 ········ 2쪽=270g
- 양파 ············· ¼개
- 대파 ············· 1대=10cm
- 밥 ··············· 1공기

선택 재료
- 마늘 ············· 3쪽
- 참깨 ············· 약간

밑간
- 소금 ············· 0.1
- 다진 생강 ········ 0.2
- 후춧가루 ········· 0.1

양념장
- 물 ··············· ½컵
- 설탕 ············· 1.3
- 간장 ············· 3
- 후춧가루 ········· 0.1

> 소주나 청주, 맛술 등을 한 숟가락 더하면 누린내가 사라져요.

요리하기

1 닭다리살은 하얀 기름기를 떼어낸 뒤 밑간하고,

2 양파는 굵게 채 썰고, 대파는 1cm 두께로 송송 썰고, 마늘은 2등분하고,

> 껍질이 바삭해질 때까지 굽는 것이 포인트!

3 중간 불로 달군 팬에 식용유(1)를 둘러 닭다리살을 앞뒤로 노릇하게 구워 건지고,

4 같은 팬에 손질한 채소를 넣어 센 불로 1분간 볶다가 양념장을 붓고,

5 끓어오르면 구운 닭다리살을 넣고 양념장이 자작해져 윤기가 돌 때까지 조리고,

> 남은 양념장은 취향에 맞게 끼얹어요.

> 무순이나 쪽파, 편의점에서 파는 반숙달걀로 장식해도 좋아요.

6 그릇에 밥을 담고 조린 닭다리살과 채소를 얹은 뒤 참깨를 뿌려 마무리.

닭 Chicken

폭풍 먹방 예약
파닭꼬치

침샘 자극에 맥주 캔을 딸 수밖에 없는 꼬치.
두세 번 양념을 진득하게 발라 구워내면 간이 제대로 쏙쏙 배요.
밖에서 파는 직화 꼬치 부럽지 않네요.

준비하기 7~8개 분량

필수 재료
- 대파 ············· 3대=30cm
- 닭안심 ············· 10쪽

밑간
- 소금 ·························0.1
- 청주 또는 소주··········· 1
- 후춧가루·················0.1

양념장
- 고춧가루··················0.3
- 간장 ························· 2
- 맛술 ························· 2
- 물엿 ························0.7

요리하기

1 대파는 2cm 길이로 썰고, 닭안심도 비슷한 크기로 썰고,

2 닭안심은 **밑간**하고,

3 꼬치에 대파 → 닭안심 순으로 번갈아 끼우고,

4 중간 불로 달군 팬에 식용유(2)를 둘러 꼬치를 앞뒤로 굽고,

5 닭고기가 노릇해지기 시작하면 **양념장**을 발라가며 더 구워 마무리.

TIP

더 맛있게 먹으려면?
달걀노른자(1개)에 간장과 맛술을 조금씩 넣어 닭꼬치에 찍어먹어요.
양배추를 먹기 좋게 썰어 샐러드처럼 함께 곁들여도 좋아요.

닭 Chicken

정성 가득 특별식
닭떡갈비

닭다리살을 곱게 다져 부드럽게 씹히는 떡갈비랍니다.
양념을 여러 번에 걸쳐 발라 구우니 겉과 속이 촉촉하고요.
쇠고기나 돼지고기보다 지방이 적어 부담스럽지 않아요. 정성을 담은 만큼 맛도 모양도 고급스러워요.

준비하기 **2인분**

필수 재료
- 대파 ············· 1대=10cm
- 닭다리살 ········ 3쪽=405g

양념장
- 설탕 ························ 2
- 간장 ························ 4
- 다진 마늘 ················ 0.7
- 참기름 ···················· 0.5
- 부순 참깨 ················ 0.5
- 후춧가루 ·················· 0.1

요리하기

1. 대파는 곱게 다지고,

2. 닭다리살은 지방덩어리를 떼어내고,

3. 푸드 프로세서에 닭다리살을 넣어 곱게 갈고,

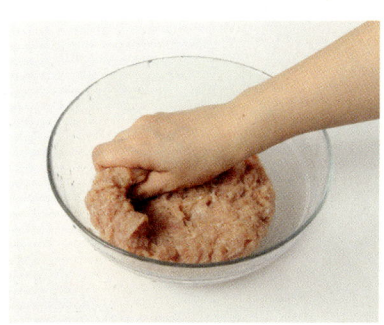

4. 볼에 간 닭고기, 다진 대파, 양념장(⅔분량)을 넣어 고루 치대고,

5. 중간 불로 달군 팬에 식용유(2)를 둘러 떡갈비를 납작하게 펼쳐 올리고,

참깨나 송송 썬 쪽파로 장식해도 좋아요.

6. 가장자리와 밑면이 노릇해지면 뒤집은 뒤 남은 양념장(⅓분량)을 발라가며 구워 마무리.

닭 Chicken

자꾸만 뜯고 싶은
닭날개구이

오븐 없이 팬만 있어도 쉽게 만들 수 있어요. 기름기가 쪼옥 빠지게 구워낸 뒤 마성의 소스에 흠뻑 적셔 조리면 완성! 소매 걷어 부치고 양 손으로 들고 뜯고 맛보고 즐기고~ 핫소스로 매콤한 맛을, 칠리소스로 달달한 맛을 추가해도 좋아요.

준비하기 3~4인분

필수 재료
닭날개 ················· 25개

밑간
소금 ·························· 0.2
후춧가루 ····················· 0.2

소스
다진 마늘 ················· 1.5
굴소스 ························ 1
케첩 ··························· 4
고추장 ························ 1
물엿 ··························· 2
물 ························· 1/3컵

요리하기

1 닭날개는 앞뒤로 칼집을 넣어 밑간하고,

2 소스를 만들고,

속까지 익을 수 있도록 충분히 구워요.

3 중간 불로 달군 팬에 식용유(4)를 둘러 밑간한 닭날개를 노릇하게 구워 건지고,

4 키친타월로 팬을 가볍게 닦은 뒤 소스를 부어 끓어오르면 닭날개를 넣어 조리고,

파슬리가루나 다진 땅콩 등을 뿌려도 좋아요.

5 소스 농도가 걸쭉해지고 간이 배어들면 불을 꺼 마무리.

닭 Chicken

다이어트용 밑반찬
닭가슴살장조림

다이어터들의 단짝, 닭가슴살을 반찬으로 즐겨보세요.
아무리 삶고, 굽고, 쪄도 퍽퍽함을 감출 수 없었다면 뭉근하게 끓인 장조림이 답!
야들야들~ 보들보들~ 술술 잘도 넘어간답니다.

준비하기 **4인분**

필수 재료
마늘 ·························· 8쪽
대파 ············· 1대=10cm
닭가슴살 ········ 3쪽=390g

선택 재료
생강 ························· 1톨
소주 또는 청주············ 2

> 생강은 닭의 누린내를 잡아줘요. 생강가루(0.1)나 생강술(1)로 대신해도 좋아요.

양념장
간장 ·························· 7
설탕 ······················· 1.5
물엿 ·························· 2
참기름 ···················· 0.5
후춧가루 ················· 0.2

요리하기

1 마늘은 꼭지를 떼고, 생강은 납작 썰고, 대파는 어슷 썰고,

> 닭가슴살은 약한 불로 삶아야 퍽퍽하지 않아요.

2 끓는 물(3컵)에 닭가슴살과 생강, 소주 또는 청주(2)를 넣어 중약 불로 10분간 삶고,

> 닭 삶은 물은 버리지 말고 그냥 두세요.

3 닭가슴살이 익으면 건져낸 뒤 한 김 식혀 먹기 좋게 찢고,

4 닭 삶은 물에 **양념장**을 넣어 끓어오르면 찢은 닭가슴살과 마늘을 넣은 뒤 중간 불로 10분간 끓이고,
TIP. 조리는 시간은 간을 보며 조절하세요. 국물은 자작하게 남겨둬야 촉촉해요.

> 어느 정도 간이 배면 청양고추나 꽈리고추 등을 더해도 좋아요.

5 국물이 반 정도 줄어들면 불을 끈 뒤 대파를 넣어 마무리.

닭 Chicken

고소한 흑심 품은
닭고기참깨샐러드

살 뺀다고 잔뜩 쟁여놨지만 손이 안가는 닭가슴살과 샐러드채소.
참깨드레싱만 있으면 싹싹 비울 수 있어요.
고소한 드레싱에 알싸한 양파와 대파까지 곁들여 가볍고 맛있게 한 끼 해결해보세요.

준비하기 **2인분**

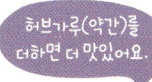
허브가루(약간)를 더하면 더 맛있어요.

필수 재료
- 닭가슴살 ······· 2쪽=260g
- 양파 ···················· ½개
- 대파 ············ 1대=10cm

밑간
- 소금 ······················ 0.2
- 후춧가루 ················ 0.1

참깨드레싱 재료
- 참깨 ························· 3
- 설탕 ······················ 0.5
- 간장 ······················ 0.5
- 식초 ························· 1
- 마요네즈 ···················· 4

요리하기

1 닭가슴살은 반으로 저민 뒤 밑간하고,

2 양파와 대파는 얇게 채 썰어 찬물에 5분간 담갔다 건지고,

3 중간 불로 달군 팬에 식용유(2)를 둘러 밑간한 닭가슴살을 앞뒤로 노릇하게 굽고,

4 한 김 식혀 어슷하게 납작 썰고,

5 절구에 참깨를 넣고 빻은 뒤 나머지 참깨드레싱 재료와 섞고,

6 그릇에 채 썬 채소와 닭가슴살을 담고 참깨드레싱을 뿌려 마무리.

닭 Chicken

스트레스 확~ 날리는
불닭볶음밥

매운맛을 즐기는 분들에게 꼭 맞는 메뉴!
고춧가루와 닭다리살을 넉넉히 넣고 매콤하게 후루룩 볶아요.
너무 맵다 싶을 땐 모차렐라치즈나 체다치즈로 불난 입을 잠재워요.

준비하기 [2인분]

필수 재료
- 닭다리살·········· 2쪽=270g
- 양파·················· ½개
- 대파·············· 1대=10cm
- 밥···················· 2공기

> 부드럽고 쫄깃한 식감을 좋아한다면 다리살, 담백한 맛을 원한다면 안심이나 가슴살을 사용해요.

양념장
- 고춧가루················ 2
- 간장······················ 1.5
- 다진 마늘··············· 0.7
- 고추장··················· 1
- 물엿······················ 1
- 참기름··················· 1
- 후춧가루··············· 약간

 **TIP**
더 맵게 먹고 싶다면?
고춧가루 대신 청양고춧가루를 넣거나 청양고추(1개)를 송송 썰어 넣어요.

요리하기

1 닭다리살은 작게 썰고, 양파는 채 썰고, 대파는 길게 2등분해 송송 썰고,

2 닭다리살에 양념장(⅔분량)을 넣어 버무리고,

3 중약 불로 달군 팬에 식용유(2)를 둘러 양파와 대파를 넣고 2분간 볶아 향을 내고,

4 양념한 닭다리살을 넣어 중간 불로 볶아 고기가 익으면 밥을 넣어 볶고,

> 참깨나 김가루, 치즈 등을 얹어도 좋아요.

5 간을 보며 양념장(⅓분량)을 넣고 조금 더 볶아 마무리.

닭 Chicken

고급 요리 부럽지 않아요
닭고기맥적

맥적은 된장 양념에 재워서 굽는 전통 음식이에요.
구울수록 된장 특유의 짠 내는 날아가고 구수하고 깊은 감칠맛만 배어난답니다.
센 불에 구우면 타기 쉬우니 중약 불에서 은근하게 익혀요.

준비하기 3인분

필수 재료
- 양파 ············ 1/4개
- 닭가슴살 ······· 3쪽=390g

양념장
- 양파 ············ 1/4개
- 간장 ············ 1
- 다진 마늘 ········ 0.5
- 된장 ············ 1
- 물엿 ············ 1
- 참기름 ·········· 0.3
- 후춧가루 ········ 약간

요리하기

1 양파를 강판에 갈아 나머지 양념장 재료와 섞고,

2 닭가슴살은 반으로 저미고,

손으로 힘있게 버무려야 간이 잘 배요.

3 저민 닭가슴살에 양념장을 넣고 조물조물 버무려 15분간 재우고,

4 중간 불로 달군 팬에 식용유(3)를 둘러 양념한 닭가슴살을 얹고,

5 밑면이 노릇해지면 뒤집어 중약 불로 줄여 속까지 익혀 마무리.

INDEX

ㄱ
간장비빔만두	150
감자고추장조림	30
감자버터구이	28
감자샐러드	26
감자장아찌	38
감자전	22
감자채볶음	20
감잣국	24
고추기름만두	152
굴소스만둣국	148
김치콩나물국	92
깐풍만두	160

ㄴ
눈꽃만두	158

ㄷ
달걀국	128
달걀마요샐러드	143
달걀말이	134
달걀장조림	130
달걀죽	144
닭가슴살장조림	222
닭고기맥적	228
닭고기참깨샐러드	224
닭날개구이	220
닭다리백숙	210
닭떡갈비	218
대파닭개장	212
데리야키닭고기덮밥	214
두부강정	80
두부구이	64
두부밥과 된장비빔장	78
두부젓국	68
두부조림초밥	82
두부파채샐러드	72

ㅁ
마늘고추장소스두부조림	66
마파연두부덮밥	74
만두강정	154
만두대파무침	156
만두볶음밥	149
맑은 오징어국	192
맑은콩나물국	90
매콤참치볶음국수	184
맥반석달걀	142

ㅂ
버섯강정	52
버섯달걀전	58
버섯덮밥	46
버섯두루치기	50
버섯들깨탕	60
버섯장조림	44
버섯초무침	56
버섯튀김	48
버터구이 통오징어	196
버터버섯구이	42
불닭볶음밥	226

ㅅ
삼계죽	211
소보로두부	76
수란비빔밥	140
순두부간장조림	70

ㅇ
어묵간장조림	110
어묵국	108
어묵가스	122
어묵마요무침	114
어묵볶이	112
어묵전	117
어묵주먹밥구이	118
어묵칩	116
어묵케첩볶음	124
어묵타코야키	120
오징어간장조림	194
오징어강된장	206
오징어대파전	204
오징어짬뽕	202
오징어초무침	188
오징어튀김	200
웨지감자튀김	32

ㅈ
전자레인지 감자칩	34
중화풍달걀볶음밥	132

ㅊ
참치마요깨주먹밥	174
참치볼	182
참치쌈장	178
참치약고추장	166
참치양파찌개	168
참치장떡	172
참치죽	170
참치통마늘볶음	176
촉촉달걀덮밥	136
촉촉오징어덮밥	198
칠리참치덮밥	180

ㅋ
콩나물무침	86
콩나물밥	94
콩나물볶음	88
콩나물볶음밥	104
콩나물비빔국수	100
콩나물장떡	102
콩나물장조림	98
콩나물찜	96
크림마요군만두	162

ㅍ
파기름 오징어볶음	190
파닭꼬치	216
팽이버섯된장국	54

ㅎ
해시브라운	36
허니버터만두	163
화산달걀찜	138

조리별 INDEX

무침
간장비빔만두	150
고추기름만두	152
만두대파무침	156
버섯초무침	56
어묵마요무침	114
오징어초무침	188
콩나물무침	86

볶음
감자채볶음	20
닭떡갈비	218
버섯두루치기	50
소보로두부	76
어묵케첩볶음	124
참치통마늘볶음	176
콩나물볶음	88
파기름 오징어볶음	190

조림&찜
감자고추장조림	30
달걀장조림	130
닭가슴살장조림	222
마늘고추장소스두부조림	66
버섯장조림	44
순두부간장조림	70
어묵간장조림	110
어묵볶이	112
오징어간장조림	194
참치볼	182
콩나물장조림	98
콩나물찜	96
화산달걀찜	138

국&탕&찌개
감잣국	24
굴소스만둣국	148
김치콩나물국	92
달걀국	128
닭다리백숙	210
대파닭개장	212
두부젓국	68
맑은 오징어국	192
맑은콩나물국	90
버섯들깨탕	60
어묵국	108
오징어강된장	206
오징어짬뽕	202
참치양파찌개	168
팽이버섯된장국	54

구이
감자버터구이	28
깐풍만두	160
눈꽃만두	158
달걀말이	134
닭고기맥적	228
닭날개구이	220
닭떡갈비	218
두부강정	80
두부구이	64
만두강정	154
버섯강정	52
버터구이 통오징어	196
버터버섯구이	42
어묵칩	116
어묵타코야키	120
전자레인지 감자칩	34
크림마요군만두	162
파닭꼬치	216
해시브라운	36
허니버터만두	163

튀김&전
감자전	22
버섯달걀전	58
버섯튀김	48
어묵가스	122
어묵전	117
오징어대파전	204
오징어튀김	200
웨지감자튀김	32
참치장떡	172
콩나물장떡	102

밥&죽
달걀죽	144
데리야키닭고기덮밥	214
두부밥과 된장비빔장	78
두부조림초밥	82
마파연두부덮밥	74
만두볶음밥	149
버섯덮밥	46
불닭볶음밥	226
삼계죽	211
수란비빔밥	140
어묵주먹밥구이	118
중화풍달걀볶음밥	132
참치마요깨주먹밥	174
참치죽	170
촉촉달걀덮밥	136
촉촉오징어덮밥	198
칠리참치덮밥	180
콩나물밥	94
콩나물볶음밥	104

면
매콤참치볶음국수	184
콩나물비빔국수	100

샐러드
감자샐러드	26
달걀마요샐러드	143
닭고기참깨샐러드	224
두부파채샐러드	72

기타
감자장아찌	38
맥반석달걀	142
참치쌈장	178
참치약고추장	166